AF545816

Waltraud Wickinghoff

Oberhausen

Vom Mutterklötzchen bis zum schrägen O.

Geschichten & Anekdoten

Bildnachweis

Stadtarchiv Oberhausen: Titelbild u. S. 79; ullstein–bild–Sven Simon: S. 8, 36; Stadt Oberhausen/Untere Denkmalbehörde und Baukultur: S. 10, 25; Ulrich M.: S. 12; Werner Verbist: S. 14; Helmut Walbrodt: S.19; picture alliance/Zettler: S. 30; Walter Brandenburg: S. 33, 34; Rainer Kiepen: S. 35; ullstein–bild–Ingo Barth: S. 39; Walter Paßgang: S. 54, 66, 67; Werner Otto, Reisefotografie und Bildarchiv: S. 57; picture alliance/ © dpa–Bildarchiv: S. 58; Helmut Lupszyk: S. 64 picture alliance/ dpa: S. 71; Stadt Oberhausen: S. 74; picture alliance/dpa–Zentralbild: S. S. 75

Danksagung

Mein besonderer Dank gilt Michael Weier, Vorsitzender des Vereins der Gästeführer im Ruhrgebiet (VGR), der mir Wissenswertes über die VHS und weitere Kontakte vermittelte, Ingo Dämgen, der den Knappenkalender zur Verfügung stellte und Walter Paßgang, der mich sowohl aus seinem privaten Fundus mit Fotos und Geschichten unterstützte als auch in seiner Eigenschaft als Mitglied zahlreicher Vereine und Verbände. Danke Johannes Rieforth, dass Du, wie auch bei dem vorherigen im Wartberg-Verlag erschienenen Buch, die Bearbeitung diverser Fotos übernommen hast.

Ferner bedanke ich mich bei: Walter Brandenburg, Martin Grundmann, Rainer Kiepen, Brigitte Korell, Helmut Lupszyck, Ulrich M., Hildegard Matthäus, Johannes P., Norbert Poll, Andreas Schwanke, Werner Verbist, Helmut Walbrodt, Willi Wülbeck und den vielen Facebook-Mitgliedern, die mich engagiert bei meinen Recherchen mit Informationen und Erinnerungen unterstützt haben. Auch die Mitarbeiter des Stadtarchivs und der unteren Denkmalbehörde waren so freundlich, mich jederzeit mit dem gewünschten Material zu versorgen. Hierfür ebenfalls vielen Dank.

1. Auflage 2017

Layout: Da Forma Agentur für Gestaltung, Gudensberg
Satz: Schneider Professionell Design, Schlüchtern-Elm
Druck: Druckerei Zimmermann Druck + Verlag GmbH, Balve
Buchbinderische Verarbeitung: Buchbinderei S. R. Büge, Celle

34281 Gudensberg-Gleichen, Im Wiesental 1
Tel. 0 56 03 - 9 30 50 www.wartberg-verlag.de
ISBN 978-3-8313-2191-9

Liebe Oberhausenerinnen
und Oberhausener,

mit ihrem ersten Buch „Aufgewachsen in Oberhausen in den 40er- und 50er-Jahren“ hat uns Waltraud Wickinghoff einen Einblick in das Leben in unserer Stadt während des Zweiten Weltkrieges und in der darauffolgenden Nachkriegszeit gewährt. Die oft bewegenden Schilderungen schenkten dem Buch große Aufmerksamkeit. Nun liegt mit Waltraud Wickinghoffs „Oberhausen, vom Mutterklötzchen bis zum schrägen O“ das zweite Buch über Bewegendes und Alltägliches in unserer Stadt von den 50er- bis in die 80er-Jahre vor. Ich freue mich sehr, dass auf diese Weise unsere Stadtgeschichte auf eine interessante und zugleich amüsante Weise lebendig gehalten wird. Es ist schließlich kein Zufall, dass dem Wort Geschichte in unserer deutschen Sprache eine Doppelbedeutung zukommt: Es ist die große Geschichte und es sind die alltäglichen Geschichten. Geschichten werden erzählt. Und die Historiker haben herausgefunden, dass die ureigene menschliche Handlung des Erzählens zugleich die Tätigkeit ist, die bei uns zur Herausbildung des Geschichtsbewusstseins führt.
Erzählen kann unsere Oberhausener Mitbürgerin Waltraud Wickinghoff manchmal spannend, manchmal zum Schmunzeln, immer anregend und interessant. So wünsche ich Ihnen viel Vergnügen, gute Unterhaltung und auch einigen Spaß mit Waltraud Wickinghoffs neuem Buch über unsere Heimatstadt Oberhausen.

Glück auf!
Herzlichst Ihr Daniel Schranz, Oberbürgermeister

Vorwort

Liebe Leserinnen, liebe Leser,

ich bin in Oberhausen geboren und habe immer hier gelebt. Mein Herz schlägt für das Ruhrgebiet und ganz besonders für meine Heimatstadt. Ich lebe gern hier! Warum, werden sich einige fragen? Die Antwort kann ich nicht mit einem Satz geben, aber ich kann versuchen, die Liebe zu meiner Heimatstadt zu erklären: Der Menschenschlag ist bodenständig, hilfsbereit, nicht nachtragend, redet „Tacheles“, leider nicht immer mit der manchmal erforderlichen Empathie und Diplomatie, aber deutlich und insbesondere ehrlich.

Aber nicht nur die Menschen machen Oberhausen so liebenswert. Meine Heimatstadt hat den Strukturwandel erfolgreich gemeistert. Das „Heute“ aufzuzählen, würde zu viel Zeit in Anspruch nehmen, aber sicher ist, es war erst möglich durch das erlebte „Gestern“. Das schweißt zusammen. Ich habe mit Zeitzeugen gesprochen und mich sehr gefreut, dass ich manchen „Stein ins Rollen“ gebracht habe, wenn ich nach Erinnerungen fragte. Wer weiß noch, warum der Stadtprinz Wilhelm Kuß der „Schneeprinz“ und Stadtdechant Wilhelm Knappmann „Don Camillo von Oberhausen“ genannt wurden? Vielleicht spielten Sie auch in der Nähe der Zeppelinhäuser in Lirich? Der eine oder andere wird sich an die heftigen Diskussionen um das schräge O. erinnern, von dem seine Gegner sagten, es sähe aus wie eine „rollende Null“ oder, noch schlimmer, wie ein „Lokusdeckel“.

Ich lade Sie ein, mich in diesem Buch mit seinen Geschichten aus den 50er- bis 80er-Jahren zu begleiten und mit mir die Erinnerungen zu teilen, die Oberhausen zu dem gemacht haben, was es heute ist: Eine Stadt, in der es sich lohnt, zu leben!

Glück auf! *Ihre Waltraud Wickinghoff*

Inhalt

Oberhausen - die schöne Stadt von morgen

Am 25. Oktober 1919 wurde die Volkshochschule Oberhausen eröffnet, das entsprach dem Zeitgeist, denn in der Weimarer Republik wurde das Bildungswesen sehr gefördert. Diese Phase endete bedauerlicherweise im Jahr 1933 aus den bekannten Gründen. Im Jahr 1952 wurden die Arbeiter-Hochschule Burg Vondern und das Informationszentrum „Die Brücke“ zusammengelegt und Hilmar Hoffmann wurde der Leiter der neuen VHS. 1954 gründete er die Internationalen Kurzfilmtage Oberhausen, die in den ersten Jahren noch unter dem Namen „Westdeutsche Kurzfilmtage“ liefen.

Viele Prominente fanden auf Einladung der VHS den Weg nach Oberhausen: Hermann Prey, Rudolf Schock, Will Quadflieg, Hardy Krüger, Heinrich Böll, Günter Grass, Martin Walser, Werner Höfer, Carl Friedrich von Weizäcker, Bernhard Grzimek, Erich Mende, Gustav Heinemann, Rainer Barzel, Adolf Grimme und viele, viele mehr.

Eine besondere Überraschung bot der beliebte Lyriker und Dichter Eugen Roth (1895–1976) seinen Zuhörern, als er auf Einladung der Volkshochschule im März 1953 nach Oberhausen kam. Er präsentierte im natürlich ausverkauften Ratssaal der Stadt Oberhausen seinen Zuhörern zunächst ernsthafte Lyrik und folgte anschließend deren Wunsch nach seinen heiter humoristischen Beobachtungen aus seinen Werken „Der Mensch“. Als Zugabe trug er das soeben geschriebene Gedicht „Oberhausen“ vor. Die Menschen waren begeistert und gerührt ob einer solchen Hommage an ihre Heimatstadt:

Oberhausen

Ein Mensch erfuhr nicht ohne Grausen,
er müsse auch nach Oberhausen,
um den dorthin verbannten Wesen
aus seinen Werken vorzulesen.

Er schaute, ob sich das auch lohne,
zuerst mal nach im Lexikone,
und fand dort, wie erwartet, nur,
daß es ein Ort sei an der Ruhr,
mit ein paar Kirchen und drumrum
bloß ein Realgymnasium
sowie den obligaten Banken,
ein Amtsgericht und auch ein Kranken-
Haus und daneben noch ein Waisen-,
sonst nichts. Nur Hütten: alles Eisen!

Der Mensch kam deshalb mit der Bahn
in ziemlich düstrer Stimmung an.
Doch tat ein erster Blick genüge,
daß all das, Gottlob, lauter Lüge.

Er sah den Kern von einer Stadt,
die weiß, wie sie zu wachsen hat.
Es strahlte gleich das Ruhrlandhaus
Kultur nach allen Seiten aus
und überall sah er die Kraft,
die selbst sich ihre Werte schafft
und, wo Geschichte nichts geschenkt,
aus eignem Mut die Zukunft lenkt.

Gestellt auf Eisen und auf Kohlen,
ist sie gewillt, das einzuholen,
was ihre glücklicheren Schwestern
viel leichter sich erworben, gestern.

In Oberhausen leben Leute,
die stark verbunden mit dem Heute
und seinen Mühen, seinen Sorgen. –
Glück auf! der schönen Stadt von morgen.

Der Schriftsteller Eugen Roth erreichte mit seinen humoresken Texten hohe Auflagen.

„Mit Salz fängste Kaninchen"

Ulrich M., Jahrgang 1949, erinnert sich: Jeden Sonntag besuchten wir Oma Lena und Opa Jupp in Lirich. Da unsere Eltern kein Auto besaßen, gingen wir, wie die meisten unserer Generation, die vier Kilometer von der Grenzstraße in der Nähe der Stadtmitte in Oberhausen zum Veilchenweg 6 in Lirich zu Fuß. Oma und Opa wohnten in einem Zeppelinhaus, das heute unter Denkmalschutz steht. Es wurde schon 1922 als Arbeiterwohnhaus der Rombacher Hüttenwerke erbaut, bestand aus unverputzten Ziegeln und hatte zwei Geschosse mit insgesamt zehn Wohneinheiten. An beiden Giebelseiten befand und befindet sich noch heute ein Eingangshäuschen mit je zwei Eingangstüren. In die anderen Wohnungen kam man von der Hofseite aus. Durch die lang gestreckte Bauweise erhielten die Häuser dieses Bautyps den Namen „Zeppelinhaus". Meine Großeltern, in deren Wohnung wir über den rückwärtigen Eingang kamen, hatten dort einen großen Garten, in dem sie Gemüse und Kartoffeln anpflanzten und einen Hühnerstall, um sich weitestgehend selbst zu versorgen. Wir Stadtkinder, die wir fast in Oberhausen-Stadtmitte wohnten, waren begeistert von den großen Garten- und Spielflächen und nutzten die Freiflächen vom Hof bis zum Rhein-Herne-Kanal an der Liricher Schleuse, um uns auszutoben.
Früher hatten die Familien häufig viele Kinder, so war es auch bei uns. Oma und Opa lebten in vier Zimmern auf zwei Etagen. Sie hatten neun Kinder, wovon bis in die Mitte der 50er-Jahre sieben Kinder mit in der Wohnung lebten, bis sie mit der Zeit heirateten und auszogen. Die Frauen, meine Tanten, saßen sonntags meistens in der Küche und unterhielten sich, während die Männer im Wohnzimmer Skat spielten. Wenn das Wetter gut

war und wir draußen spielten, war alles in Ordnung, wenn es aber regnete und wir auch noch in der Wohnung spielten und tobten, gingen wir den Erwachsenen mächtig auf die Nerven.

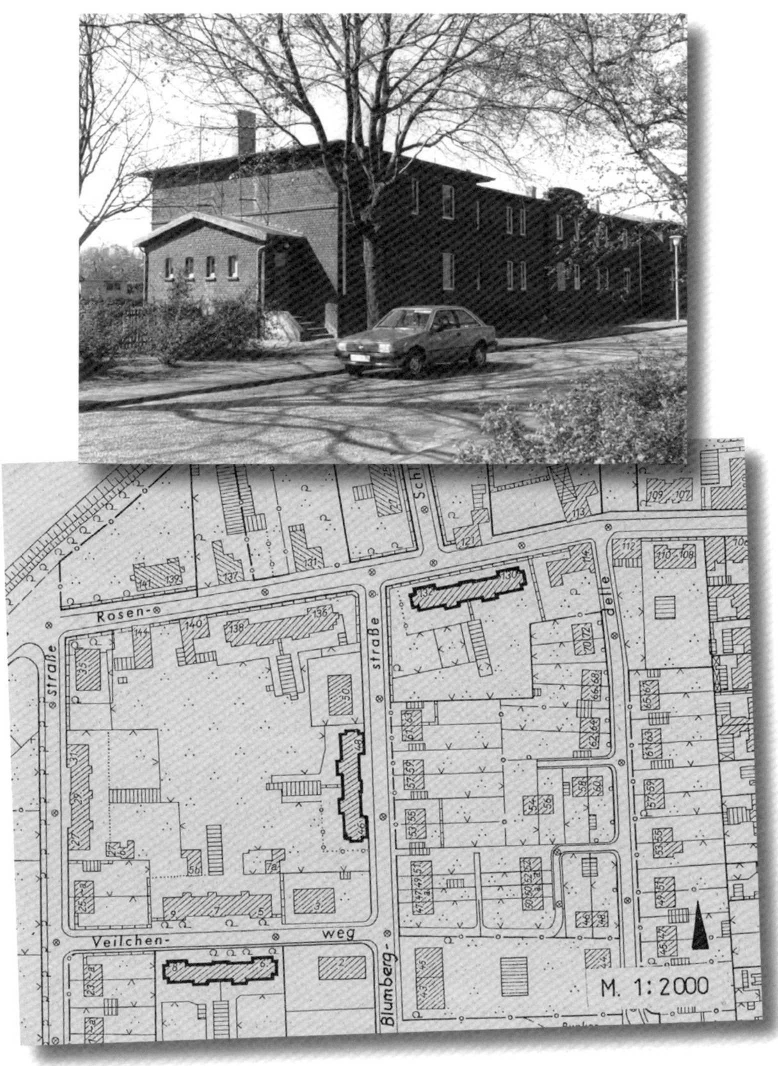

Haus Veilchenweg 6/8 und Lageplan Gemarkung Oberhausen, Flur 3, Flurstück 310.

Dann erbarmte sich Opa Jupp, nahm den Salztopf aus dem Küchenschrank und rief: „Kinder, zieht euch an. Wir gehen jetzt Kaninchen fangen!“ Auf unsere Frage: „Wie denn?“, antwortete er: „Das Salz streuen wir dem Kaninchen auf den Schwanz, dann juckt es ihm dort und es will sich kratzen. Dabei schnappen wir es und stecken es in den Sack!“ An der Kaninchenjagd nahmen – nach meiner Erinnerung – fünf Enkelkinder und mein jüngster Onkel teil, der zwei Jahre jünger ist als ich. Wir haben nie auch nur ein einziges Kaninchen gefangen! Aber es machte mächtig viel Spaß, über die damaligen Wiesen an der Tulpenstraße, am Sportplatz von „Concordia Lirich“ vorbei bis zur Wilhelmshavener Straße, zu jagen, immer in der Hoffnung, ein Kaninchen zu erwischen.

Ich erinnere mich an einige schöne Kinder-Schützenfeste (wir nannten diese Feste einfach so), welche die Erwachsenen, in erster Linie Tante Agnes, für die Kinder vom Veilchenweg ausrichteten. Wir durften wie selbstverständlich daran teilnehmen, weil ja Oma und Opa dort wohnten. Auch viele andere Kinder, die an Festen dieser Art teilnahmen, gehörten zu den Besuchskindern.

Gemüsehändler Jahnke von der Weiler Straße stellte seinen Leiterwagen mit Pferd für Rundfahrten durch die Zechensiedlung bereit. Wir kannten uns alle untereinander und hatten viel Spaß. Wenn es hieß: „Wir gehen zum Kinderschützenfest nach Lirich“ waren wir schon tagelang vorher aufgeregt. Es war ein Höhepunkt des Jahres für uns. Die Erwachsenen hatten sich Spiele für uns ausgedacht, bei denen man sich im Eierlaufen, Sackhüpfen und anderen Geschicklichkeitsspielen untereinander messen konnte. Außerdem gab es von den Müttern, Tanten und Omas gebackenen Kuchen und Limonade für alle. Wir älteren Kinder (schließlich waren einige von uns schon acht Jahre

Kinderschützenfest 1950 auf dem Veilchenweg (links auf dem Foto der Erzähler Ulrich M. auf dem Arm seines Großvaters).

alt!) bekamen sogar Kaffee – Muckefuck genannt – zu trinken! Abends spielten Nachbar Werner Lange und Onkel Benno aus Neumühl mit ihren Akkordeons für die Erwachsenen auf. Es war eine unbeschwerte, schöne Zeit.

Das Mutterklötzchen

Bekanntlich erhielten die Bergleute von ihrem Arbeitgeber, den Betreibern der Zeche, jährliche Kohle-Deputate, die einen wichtigen Beitrag zum Lebensunterhalt leisteten. Schließlich kochte man noch lange nach dem Krieg auf einem Kohle-Ofen, mit dem man auch die Wohnung oder das Haus beheizte. Die Kohle musste mit einem sehr trockenen Stück Holz angezündet werden, damit das Feuer nicht rauchte. Da unter Tage viel Grubenholz verbaut wurde, fiel immer mal ein Stück Holz von

einem zugeschnittenen Stempel ab. Diese Klötzchen nahmen die Bergleute mit nach Hause und gaben sie der Ehefrau oder Mutter, um das Feuer anzuzünden. Folgerichtig wurde ein solches Stück Holz „Mutterklötzchen“ genannt. Fiel kein Abfallholz an, schnitten sich die Bergleute auch schon mal eine Scheibe vom Stempel ab und hackten sie zu Hause mit dem Beil klein. Mit diesen Holzspänen konnte man mehrere Tage das Feuer im Ofen anzünden. Das Holz war schön trocken und damit ideal. Natürlich war es verboten, Holz mitzunehmen, es war Diebstahl. Aber jeder machte es und es wurde weitestgehend toleriert.
Irgendwann war es den Bergwerksgesellschaften zu viel und die Inhaber vieler Zechen erließen strengere Richtlinien. So auch die Betreiber des Steinkohlenbergwerks Zeche Jacobi in Oberhausen, benannt nach dem Kommerzienrat Hugo Jacobi. Der Werksschutz bekam den Auftrag, die Aktentaschen der Kumpel stichprobenartig zu kontrollieren, wenn sie das Zechengelände verließen. Am Ende der Schicht sollte sich nur noch eine leere Aluminiumflasche in der Tasche befinden, denn zu Beginn der Schicht hatte jeder Kumpel eine Flasche aus Aluminium dabei, gefüllt mit Kaffee und seine Brote als Verpflegung für den Tag. Natürlich kannten sich die Bergleute, die oft schon 20, 30 oder mehr Jahre unter Tage arbeiteten, alle untereinander und sie kannten auch die Kollegen vom Werksschutz. Oft waren es ehemalige Kumpel.
Eines Tages wurde der Hauer Felix Verbist, der gerade erst seine zusätzliche Qualifikation am 11. Mai 1954 mit Bestehen der Hauer-Prüfung unter Beweis gestellt hatte, beim Verlassen des Geländes vom Werksschutz angehalten.
„Felix, du weißt, dass ich das nicht gerne mache, aber ich muss deine Tasche kontrollieren. Mach sie auf und lass mich reinsehen“, wurde er aufgefordert.

HAUERBRIEF

DER BERGMANN Felix Verbist

GEBOREN AM 28. 10. 1919 IN Antwerpen/Belgien

HAT NACH ERFOLGTER AUSBILDUNG AUF DER ZECHE Jacobi

IN DER PRÜFUNG AM 11.5.54 SEINE BEFÄHIGUNG ALS HAUER NACHGEWIESEN

Oberhausen DEN 11. 5. 1954

DER LEITER DES BERGAMTES

DER BERGWERKSDIREKTOR

Hauerbrief von Felix Verbist aus dem Jahr 1954.

Felix Verbist hielt seine Tasche fest unter den Arm geklemmt und sagte: „Da is nix drin, nur Taubenfutter.“ Klang plausibel, denn in den 50er- und 60er-Jahren erfreute sich die Taubenhaltung und -zucht unter den Bergleuten großer Beliebtheit.

„Felix, mach keinen Ärger. Wir müssen deine Tasche kontrollieren.“

„Wenn ich sach, dat da Taubenfutter drin ist, dann is da Taubenfutter drin.“ Felix blieb stur. Nach mehrfacher Aufforderung öffnete er schließlich seine Tasche und der Werksschutzkollege sagte: „Felix, dat is doch ’n Mutterklötzchen.“
„Quatsch, dat is Taubenfutter!“
„Dat is ein Mutterklötzchen!“
„Nee, glaub mir dat. Dat is Taubenfutter! Und wenn die Biester dat heut’ nich fressen, dann verbrenn ich dat!“
Offenbar kam er mit dieser Geschichte durch. Ob ihm geglaubt wurde oder der Kollege vom Werksschutz in diesem Fall wegen der gelungenen Ausrede „Gnade vor Recht“ ergehen ließ, ist nicht überliefert. Felix Verbist war in der Zeche Jacobi bis zur Schließung im Jahr 1974 als Hauer tätig.

Handwerk hat goldenen Boden

Kurz nach dem Krieg wollten viele ein Handwerk erlernen, versprach es doch ein gesichertes Einkommen, wenn nicht gar Wohlstand. Denn Handwerker, egal, ob Bäcker, Maler, damals auch Anstreicher genannt, Fleischer oder Elektriker wurden gebraucht. Die Zeit des Wiederaufbaus versprach Vollbeschäftigung. Folgerichtig lautete der Wahl-Slogan der CDU 1957 „Wohlstand für alle“.
Beispielhaft für die Ausbildung und die beruflichen Werdegänge der damaligen Zeit sollen die folgenden Lebensläufe zweier Oberhausener Handwerker stehen:
Einen sicherlich untypischen Werdegang für die damalige Zeit nahm der Bäcker- und Konditormeister Helmut Walbrodt aus Sterkrade. Erst mal ist wichtig festzuhalten, dass zwischen

einem Bäcker und einem Konditor „Welten“ liegen, wie man so schön sagt. Beide sind Spezialisten in ihrem Beruf, aber nicht unbedingt gut aufeinander zu sprechen. „Der Bäcker ist der Handwerker“, sagt Helmut Walbrodt mit einem Augenzwinkern. „Der Konditor aber sieht sich als Kunsthandwerker.“ Diese Aussagen müssen also nicht so ganz ernst genommen werden. So wurden die Bäcker von den Konditoren fast liebevoll „Plattfuß-Indianer“ genannt, weil sie körperlichen Belastungen ausgesetzt waren – Mehlsäcke und Teig hatten einiges an Gewicht. Die Bäcker nannten die Kollegen der Konditorenzunft gerne „Sahnepanscher“ oder „Tortenärsche“. Helmut Walbrodt schmunzelt und behauptet, dass man tatsächlich heute noch die „alten“ Bäcker an ihrem Gang erkennen könne.
Helmut Walbrodt stammt aus einer alteingesessenen Bäckerfamilie und schon früh war ihm klar, dass er eine Ausbildung zum Bäcker machen wollte, während die Eltern es lieber gesehen hätten, wenn er Abitur gemacht hätte. 1957 verstarb sein Vater, die Mutter führte das Geschäft zusammen mit einem Meister weiter. Ungeschriebenes Gesetz war, dass die Sprösslinge nicht im elterlichen Betrieb ausgebildet wurden, nach Möglichkeit nicht mal in einem Betrieb, der der gleichen Innung angehörte, also in der eigenen Stadt lag. So war es ein Glücksfall für die Familie, als eine Tante, die als Diakonisse im Diakonissen-Mutterhaus Marburg/Lahn-Wehrda lebte und arbeitete, bei einem ihrer Besuche erzählte, dass die Bäckerei des Mutterhauses Lehrlinge sucht. Sie machte ihrem Neffen Helmut den Vorschlag, doch nach Marburg zu kommen, um dort die Lehre zu absolvieren. Ein eigenes Zimmer sollte ebenfalls für ihn bereitgestellt werden. Also zog Helmut Walbrodt 1959 mit 14 Jahren nach Marburg, trotz der gut gemeinten Warnung: „Man kann doch als Rheinländer nicht zu den Hessen gehen!“

Sehr bald erfuhr er, dass im Diakonissenhaus ein strenges Regiment geführt wurde. Es war absolut verboten, mit Mädchen oder Schwesternschülerinnen zu reden. Rauchen war ebenso verboten wie ein Kinobesuch. Fernsehen gab es gar nicht. Rettung aus dem tristen Alltag erlebte Helmut durch seine Cousine Edelgard, die in der Uniklinik arbeitete und in Marburg wohnte. Er meldete sich in seiner Freizeit ab, um „seine Cousine Edelgard zu besuchen“ und nutzte die so gewonnene Zeit, mal ins Kino zu gehen.

Neben vielen Verboten gab es für die jungen Leute noch mehr Pflichten. So musste dem Betriebsinspektor wöchentlich ein von den Lehrlingen zu führendes Berichtsheft vorgelegt werden. Diese Aufgabe gehörte nicht zu den Lieblingsbeschäftigungen von Helmut, daher nahm er es nicht so genau damit. Versäumnisse dieser Art wurden allerdings sofort geahndet. Helmut sollte zur Strafe eine Stunde lang dem Betriebsinspektor in dessen Büro aus der Bibel vorlesen! Er weigerte sich und handelte sich eine Rüge ein.

Doch damit nicht genug. Helmuts ausgeprägter Gerechtigkeitssinn führte zu einer weiteren ernsthaften Ermahnung. Als er sein Zimmer putzte, sah er zufällig aus dem Fenster und bekam mit, dass im Hof unter seinem Fenster ein Meister einem Lehrling ins Gesicht schlug. Er wusste zwar nicht, warum das geschah, empfand aber diese körperliche Züchtigung als nicht hinnehmbar. Er kannte den Jungen, der, wie er wusste, in einem der Heime im Ort lebte, die er, Helmut, mit dem „Geschäftsfahrrad“ mit Brot und Backwaren belieferte. Rasch ergriff er den neben ihm stehenden Eimer mit Putzwasser, entleerte ihn aus dem Fenster und traf zu seiner Genugtuung den Meister.

Natürlich blieb auch das nicht ungeahndet. Helmut musste erneut bei der Heimleitung antreten, wurde ermahnt und seine Strafe festgelegt: Er sollte seine Entschuldigung bei einem Gemeindegottesdienst öffentlich vorbringen. So richtig christlich fand er das Verhalten der Heimleitung nicht, zumal er durch seine Handlung doch nur für Gerechtigkeit hatte sorgen wollen. Er weigerte sich erneut. Wenn auch seine Tante Verständnis für ihn und sein Tun aufbrachte, es nutzte nichts.

Die Summe der Ermahnungen führte schließlich dazu, dass Helmut Walbrodt nach nur einem Jahr seine Lehre in Marburg abbrechen musste. Man setzte ihn in den Zug und er kehrte zurück nach Oberhausen. Er hatte Glück und konnte seine Ausbildung bei der Bäckerei Leo Borkes auf der Försterstraße erfolgreich beenden.

„Nach beendeter Ausbildung wäre ich gerne auf ein Schiff gegangen, um dort als Bäcker zu arbeiten", erzählt er weiter, „aber mein früherer Lehrherr Leo Borkes riet mir, direkt an meine Bäckerlehre eine Ausbildung zum Konditor anzuschließen, denn dadurch verkürzte sich die zweite Ausbildung um ein halbes Jahr auf 2 ½ Jahre." Er folgte diesem Rat und bewarb sich beim Obermeister der Konditoren-Innung Fritz Winken, der gerade Lehrlinge für die Ausbildung zum Konditor suchte. Helmut Walbrodt wurde angenommen. Sein Lehrherr und die Schule plädierten nach nur zwei Jahren dafür, dass er vorzeitig zur Prüfung zugelassen wurde, die er erfolgreich bestand.

Kurz nach Beendigung seiner Konditor-Ausbildung fragte Bäcker- und Konditormeister Heinrich Mangelmann aus Sterkrade bei ihm an, ob er nicht in seinem Geschäft für sechs Monate aushelfen könne? Sein Geselle sei gegangen und er müsse Ersatz finden. Er sei aber zuversichtlich, dass er im nächsten halben Jahr einen erfahrenen Gesellen finden würde. Helmut Walbrodt sagte zu und arbeitete fortan bei Heinrich Mangelmann in der Konditorei am Johanniter-Krankenhaus.

Aus den sechs Monaten wurden sechs Jahre. „Aber ich war dort wie das Kind im Hause“, erinnert er sich. „Anschließend habe ich meine Meisterprüfung im Jahr 1969 gemacht“, lacht er. „Danach habe ich als Außendienst-Mitarbeiter für eine schwedisch-holländische Firma gearbeitet, die hatten super Produkte für Konditoren. Später war ich Mitarbeiter bei der Firma Döhler, das war eine Aromen-Firma mit Sitz in Darmstadt, die es auch heute noch gibt.“

Bei der Internationalen Bäckereiausstellung (iba) in Düsseldorf, einer Internationalen Fachmesse für Bäcker und Konditoren, traf er Anfang der 70er-Jahre seinen ehemaligen Berufsschullehrer wieder, Oberstudienrat Wilhelm Becker. Dieser fragte ihn, ob er nicht „ein paar Stunden in der Woche“ in der Hans-Sachs-Berufsschule in Oberhausen angehende Bäcker und Konditoren unterrichten könne? Und wieder sagte Helmut Walbrodt zu. Das Unterrichten der jungen Leute – zunächst stundenweise – machte ihm solche Freude, dass er vormittags unterrichtete

Baumkuchenbacken auf dem Oberhausener Weihnachtsmarkt/Friedensplatz.

und abends an der selben Schule von 17.00 Uhr bis 22.00 Uhr selbst zum Schüler wurde. Er holte sein Fachabitur nach und unterrichtete schließlich ab 1. August 1975 als „Handwerksmeister im Schuldienst“ im gehobenen Dienst an der neuen Hans-Sachs-Berufsschule am Förderturm. Ein Schlaganfall im Jahr 1997 beendete sein Berufsleben. Wer mit Helmut Walbrodt spricht, der weiß, dass dieser Mann in seinem Beruf seine Berufung gefunden hat. Seine Frau leitet das elterliche Geschäft auf der Weseler Straße und er selbst hat nach seinem unfreiwilligen Rentner-Dasein ein „Konditorei-Museum“ eingerichtet, in dem er Führungen anbietet,

Werner Verbist, Jahrgang 1947, absolvierte als Sohn eines Bergmanns von 1962 bis 1965 im Malerfachbetrieb Bross auf der Welsche Str. 7 in Oberhausen-Osterfeld die Lehre zum „Maler und Lackierer“, die auch eine Glaserausbildung umfasste.
Er tat sich sehr schwer, weil er als Lehrling dem Gesellen H., einem gebürtigen Sachsen und passionierten Pfeifenraucher zugeteilt war, der zwar nicht offiziell die Position eines Vorarbeiters bekleidete, gleichwohl aber so agierte und alle Mitarbeiter der Firma „im Griff“ hatte. Was er auf der Baustelle sagte, wurde getan. Das Problem war nur, dass Werner ihn nicht verstand. Jede Arbeitsanweisung erfolgte in – für Werners Ohren – sehr unverständlichem Sächsisch, wobei H. zudem seine Pfeife nicht aus dem Mund nahm. Was dazu führte, dass Werner schon morgens auf dem Weg zur Arbeit bittere Tränen vergoss, weil er wusste, dass das Unheil seinen Lauf nehmen würde. Und es kam, wie befürchtet.
Eine der Aufgaben für einen Lehrling bestand darin, zentimetergenau eine Tapetenbahn nach Angabe von „Vorarbeiter“ H. zuzuschneiden und diese einzukleistern. Schon bei der Breiten-

angabe „23 Zentimeter“ auf Sächsisch und durch den zerkauten Pfeifenstil genuschelt, verstand Werner alles Mögliche, nur nicht das erforderliche Maß. Die Reaktion des Gesellen H. war ein gewaltiger Anpfiff vor allen Kollegen. Dabei fielen lauthals böse Anschuldigungen, wie die, Werner habe sich wohl nicht die Ohren gewaschen oder offenbar habe er nicht genug geschlafen und endeten mit der Ankündigung, dem Meister von seinen Fehlern Meldung machen zu wollen.

Als Werner im zweiten Lehrjahr war, bekam H. von seinem Arbeitgeber den Auftrag, bei einer Familie das Wohnzimmer zu tapezieren und zu streichen. Die Dame des Hauses öffnete ihm und Werner die Tür und bat die beiden herein. Neben der eigentlichen Malerarbeit bat sie die Handwerker darum, um die Lichtschalter herum eine „Elefantenhaut“ aufzutragen. Ihr Mann hatte nämlich die Angewohnheit, im Dunkeln nach dem Lichtschalter zu tasten, diesen aber fast immer zu verfehlen. Mit den Fingern, manchmal auch mit der ganzen Handfläche, berührte er die Tapete, die im Laufe der Jahre deutliche Spuren davongetragen hatte.

Neben der erst 1948 eingeführten Währung der D-Mark hatte sich am Bau eine echte „Nebenwährung“ entwickelt. Wer genügend Alkohol für die dort arbeitenden Meister und Gesellen bereitstellte, dem tat man auch gerne einen „Gefallen“, der nicht offiziell in Auftrag gegeben war und für den nach Erledigung auch keine Rechnung ausgestellt wurde. Manche Küche wurde auf diese Art und Weise durch Bereitstellung von zwei Flaschen Korn und einem Kasten Bier frisch gestrichen.

Die Kundin sprach nach der Mittagspause Herrn H. an, ob er mal einen Moment Zeit habe? Sie wolle ihm im Schlafzimmer zeigen, „wo ihr Mann immer hinfasst“. Der Angesprochene schüttelte den Kopf und antwortete im breitesten Sächsisch: „Nu, mei Gudste, änne Flasche Gorn wörmo lieba!“

Werner Verbist schwänzte die Berufsschule, sooft er konnte. Die praktische Ausbildung dagegen war sein Ding. Was ihm der „alte“ Bross, Clemens Bross, der 1964 verstarb, beibrachte, sog er auf wie ein Schwamm. „Ich hatte Glück, dass ich die Prüfung bestanden habe“, sagt er heute. Er konnte die Prüfungskommission davon überzeugen, dass er in seinem Lehrbetrieb nicht nur ein solides, sondern teilweise exzellentes Fachwissen erworben hatte, was selbst die Prüfer verblüffte.

Werner arbeitete fortan als Geselle in der Firma Bross. Aufgrund seiner korrekten Arbeitsausführung wurde er häufig von Kunden angefordert. Da er einen dunklen Teint und schwarze Haare hatte, hieß es: „Schick ma den Schwatten.“ Sehr bald war Heinrich Bross, der das Geschäft nach dem Tod des Vaters allein weiterführte, klar, dass Werner mehr konnte, als nur Arbeiten nach Weisung auszuführen. Also rief er seine Belegschaft zusammen und teilte den acht Mitarbeitern mit, dass Werner Verbist ab sofort der neue Vorarbeiter wäre.

Schon vier Jahre später bot ihm Heinrich Bross die Teilhaberschaft an. Fortan hieß die Firma „Bross und Co.“ Heinrich Bross und Werner Verbist leiteten gemeinsam den Betrieb, der schon zwei Jahre später unter „Bross Verbist“ firmierte. Von der Handwerkskammer erhielt Werner Verbist die schriftliche Bestätigung, dass er langjährig unter Beweis gestellt hatte, die Befähigung zu haben, einen Betrieb zu führen und Lehrlinge auszubilden.

Mitte der 80er-Jahre war das Domizil in Osterfeld eindeutig zu klein geworden. Werner Verbist kaufte ein Grundstück an der Hiesfelder Straße, gegenüber der St. Josef Kirche, und die Firma siedelte um nach Oberhausen-Schmachtendorf. Seit dem Tod von Heinrich Bross im Jahr 1999 führt Werner Verbist den seit 1897 bestehenden Familienbetrieb unter dem Namen Bross Verbist als alleiniger Geschäftsführer. Sicherlich ist der damalige Malerfachbetrieb nicht mehr mit der heutigen Firma, zu der sie Werner Verbist gemacht hat, zu vergleichen. Mit seinem Konzept der ganzheitlichen Wohngestaltung setzte er neue Maßstäbe, wovon zahlreiche Objekte von Wiesbaden bis Sylt Zeugnis geben, wie auch mehrere Preise, die Werner Verbist für seine innovativen Ideen im Fassadenwettbewerb im Ruhrgebiet erhielt. Wichtig ist ihm, der im Rentenalter nicht daran denkt, sich zur Ruhe zur setzen und sein Geschäft inzwischen zur Schmachtendorfer Straße verlagert hat, bei aller Kreativität das Zusammenspiel von Zeitgeist, Funktionalität und Ästhetik.

Die Rückkehr des stolzen Hirschen

Gerda und Karin spazieren durch den Sterkrader Volkspark.
„Da, was leuchtet denn da durch das Gebüsch?“, fragt Gerda.
„Das ist der Sterkrader Hirsch!“, antwortet Karin. „Kennst du seine Geschichte nicht?“ Gerda schüttelt den Kopf. „Nö“, murmelt sie, „erzähl mal, wenn du Näheres weißt. Man lernt ja gerne dazu.“
Die beiden Freundinnen setzen sich auf eine nicht weit entfernte Bank.
„Das war so“, beginnt Karin. „Du kennst doch die Haltestelle ‚Ludwigshütte‘, wenn man mit dem SB 90 Bus vom Bahnhof Sterkrade nach Schmachtendorf fährt, das ist die Haltestelle zwischen ‚Hagelkreuz‘ und Jägerstraße.“ Gerda nickt: „Jau, kenn ich.“ – „Auf diesem Areal wurde im Alsfeld, zwischen der Weseler- und Mathildestraße auf dem früheren Hof des Bauern Flesch um 1870 herum von zweien seiner Söhne eine Graugießerei gegründet, die sie dann 1898 an den Sterkrader In-

dustrie-Anstreicherunternehmer Louis (Ludwig) Duisberg verkauften. Der hat die Gießerei dann auch sofort umbenannt in ‚Eisengiesserei und Maschinenfabrik Ludwigshütte'. Offenbar hatte er geschäftlich ein gutes Händchen, er besaß schon die Wirtschaft ‚Zum schwarzen Diamanten', an der Ecke Kant-/ Steinbrinkstraße und baute 1909 noch den ‚Jägerhof' in Sterkrade. Damit er etwas von seinem Reichtum hatte, baute er für sich und seine Familie 1904 die ‚Villa Waidmannsruh' in Sterkrade Stadtmitte an der damaligen Grünstraße Nr. 13, heute heißt sie Ramgestraße." Karin macht eine Pause und sieht ihre Freundin an. „Kannst du folgen?", fragt sie.

„Bis jetzt schon, aber was hat es nun mit dem Hirschen auf sich?", fragt diese. „Kommt jetzt", antwortet Karin. „Damit der Name ‚Villa Waidmannsruh' seine Berechtigung hatte, ließ er einen lebensgroßen Hirschen in der Gießerei fertigen, der von nun an den Treppenaufgang der Villa zierte. Vielleicht hat er aber auch den Hirschen wegen seiner Symbolkraft gewählt. Ich weiß es nicht", lacht sie.

„Welche Symbolkraft hat denn ein Hirsch?", fragt Gerda neugierig. „Na ja, man sagt, dass der königliche Hirsch uns zeigt, wie man aufrecht durchs Leben geht, auch in schwierigen Zeiten. Er symbolisiert Autorität, Unabhängigkeit und Charisma. Ob das der Grund war oder ob es daran lag, dass Ludwig Duesberg ein begeisterter Jäger war, entzieht sich meiner Kenntnis. Die Sterkrader nannten die Villa übrigens liebevoll ‚Jagdschlösschen'. 1932 kaufte der Baumeister und Architekt Bernhard Pöter die Villa von Louis Duesberg. Sein Sohn Ernst riss die Villa 1960 ab und baute ein Geschäftshaus, in dem das Architekturbüro Pöter untergebracht ist. Mit dem Hirschen konnte er natürlich nichts anfangen und schenkte ihn daher 1962 der Stadt Oberhausen zum 100sten Geburtstag. Ab da stand bzw. lag der Hirsch im

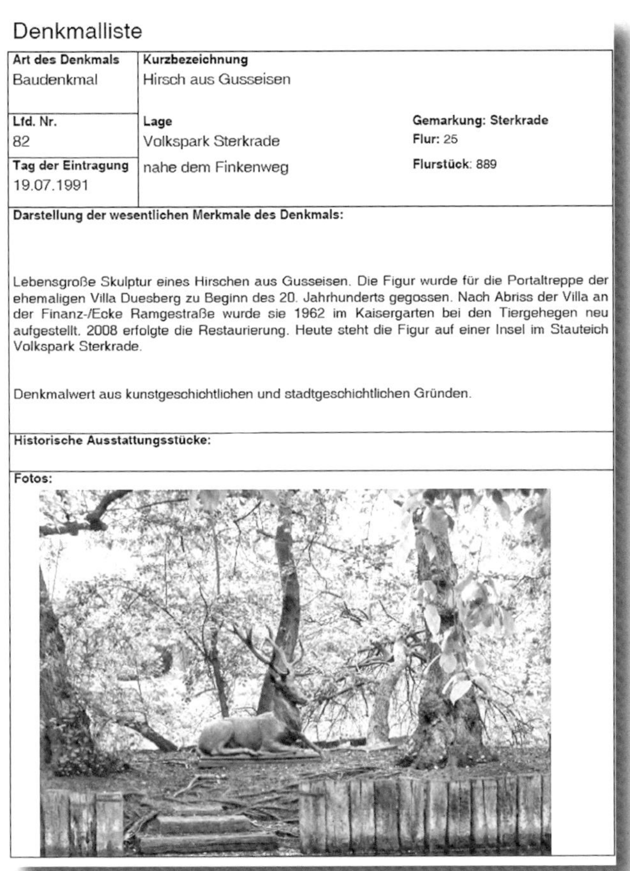

Denkmalliste

Art des Denkmals	Kurzbezeichnung	
Baudenkmal	Hirsch aus Gusseisen	
Lfd. Nr.	**Lage**	**Gemarkung: Sterkrade**
82	Volkspark Sterkrade	**Flur:** 25
Tag der Eintragung 19.07.1991	nahe dem Finkenweg	**Flurstück:** 889

Darstellung der wesentlichen Merkmale des Denkmals:

Lebensgroße Skulptur eines Hirschen aus Gusseisen. Die Figur wurde für die Portaltreppe der ehemaligen Villa Duesberg zu Beginn des 20. Jahrhunderts gegossen. Nach Abriss der Villa an der Finanz-/Ecke Ramgestraße wurde sie 1962 im Kaisergarten bei den Tiergehegen neu aufgestellt. 2008 erfolgte die Restaurierung. Heute steht die Figur auf einer Insel im Stauteich Volkspark Sterkrade.

Denkmalwert aus kunstgeschichtlichen und stadtgeschichtlichen Gründen.

Historische Ausstattungsstücke:

Fotos:

Der Hirsch ist wieder zu Hause.

Kaisergarten. Die kommunalen Bezirksvertreter von Sterkrade hätten es gerne gesehen, dass der Hirsch wieder nach Sterkrade zurückgekehrt wäre, aber: Geschenk ist Geschenk und der Hirsch blieb, wo er war."

„Und wie ist er dann doch in den Volkspark Sterkrade gekommen?", fragt Gerda.

„Sehr viel später, nämlich erst in diesem Jahrtausend, hat mal jemand nachgefragt, wo denn der Hirsch geblieben ist, der im

Kaisergarten als liegende Plastik zu sehen war“, weiß Karin zu berichten. „Intensive Nachforschungen haben ergeben, dass er unbeachtet im Keller der Wirtschaftbetriebe Oberhausen (WBO) eingelagert worden war, weil er hätte restauriert werden müssen und dass er bereits 1992 unter der Nr. 82 als Baudenkmal eingetragen wurde wegen seines ‚kunstgeschichtlichen Wertes und aus stadtgeschichtlichen Gründen‘. Natürlich setzten die Sterkrader jetzt erst recht alles daran, ‚ihren‘ Hirschen zurückzubekommen, was bis 2008 dauerte. Und darum kannst du ihn hier und jetzt im Sterkrader Volkspark bewundern“, schließt sie ihren Bericht.

„Und das alles, weil 1962 die Duesberg-Villa abgerissen wurde“, seufzt Gerda. „Ich finde es auf jeden Fall schön, dass er in seine angestammte Heimat zurückgekehrt ist. Irgendwie sieht er auch sehr zufrieden aus!“

Petticoat, Nylonstrümpfe und Minirock

Wer schön sein will, muss leiden … Wer kennt dieses Sprichwort nicht? Ab etwa 1954 trugen die modebewussten jungen Mädchen und Frauen unter einem weiten Rock einen meist aus Perlon oder Nylon bestehenden Unterrock mit mehreren Lagen, oft noch mit zusätzlichen Rüschen aus Tüll versehen, und unterstützten damit optisch die schmale Taille. Wer einen fertig gekauften versteiften Petticoat sein Eigen nennen konnte, konnte sich glücklich schätzen. Erschien einem der Unterrock nicht steif genug und brachte nicht die gewünschte weite Auslegung dieses Kleiderstückes, wurde mit Kartoffelmehl (Stärke) nachgeholfen. Eine Zeitzeugin erinnert sich, dass das zum Stärken benutzte Kartoffelmehl, nachdem der Unterrock getrocknet war, bei Belastung nach einiger Zeit zu rieseln begann. „Immer, wenn wir in der Schule aufstehen mussten, hinterließen wir einen weißen, mehligen Film auf den Stühlen, was uns aber nicht hinderte, die Unterröcke weiterhin mit Kartoffelmehl zu stärken, damit sich die Kleider und Röcke schön weit bauschten."

Aber auch die Bleistiftröcke hatten es in sich. Wer mit öffentlichen Verkehrsmitteln zur Arbeit fuhr, und das waren eindeutig die meisten, konnte ein Lied davon singen … Wichtig war, der Rock musste eng sitzen! Und damit begann das Dilemma. Egal, ob der Rock mit einer Dior-Falte oder einer Kellerfalte ausgestattet war, sobald man in einen Bus stieg, riss die Naht oberhalb der Falte auf! Noch heute stöhnen die Frauen: „Mein Gott, was habe ich für Verrenkungen gemacht, um in den Bus einsteigen zu können. Am besten ging es in Schräglage." Vielfach wurden kleine Lederapplikationen oben auf die Falte genäht, damit diese etwas länger hielt oder um zu kaschieren, wie oft man den Riss schon repariert hatte.

Da die Strumpfhose, wie wir sie kennen, noch nicht erfunden war, trug man Nylonstrümpfe, sehr selten Perlonstrümpfe, die an einem Strumpfgürtel, den die Frauen um die Taille trugen und an dem Strapse angebracht waren, befestigt wurden. War mal ein „Gumminippel" vom Straps abgerissen, passte als Ersatz ein 1-Pfennig-Stück genau in die Lasche und man konnte den Strumpf befestigen, damit er nicht rutschte. Das zarte Material hatte schnell Zugfäden oder noch schlimmer: Laufmaschen. Wer in der Stadtmitte oder nahe daran wohnte, brachte die Strümpfe zur Reparatur entweder zum Kaufhaus Magis auf der Marktstraße oder in das Geschäft Bischof auf der Elsässer Straße. Da wurden die Laufmaschen fein säuberlich „aufgenommen" und mittels einer Nadel, erst von Hand, später maschinell „hochgehäkelt“. Auch die eingangs erwähnten kartoffelmehlgestärkten Unterröcke verursachten ständig Zugfäden und Laufmaschen. Solange sich diese unsichtbar unter dem Rock befanden, wurden sie kurzerhand mit Nagellack „ausgebremst“. Es wurde ein wenig Nagellack auf die Stelle getropft, an der die Laufmasche aufhörte, um dadurch das Weiterlaufen zu verhindern.

„Und das war nicht unsere einzige Sorge“, erzählt Uschi. „Bevor man aus dem Haus ging, hieß es immer: ‚Sitzt die Naht auch gerade?‘“ Denn Anfang der 50er-Jahre gab es keine Maschinen, die Strümpfe nahtlos rund herstellen konnten. Folglich mussten sie zusammengenäht werden. Das verlängerte zwar optisch das Bein, sah aber nur dann schön aus, wenn Naht wirklich schnurgerade saß. Ab Mitte der 50er-Jahre gab es erstmalig Strümpfe ohne Naht, aber es dauerte einige Jahre, bis der nahtlose Strumpf von den Frauen akzeptiert und massenhaft gekauft wurde. Endgültig verloren hatte der Strumpf mit Naht, als der Minirock seinen Siegeszug begann.

Schon lange bevor Mary Quant den Minirock 1962 erstmals in der Vogue vorstellte, kannte man die kurzen Röcke, die allerdings in früheren Jahren eher den Tänzerinnen in Hollywoodfilmen vorbehalten waren. Es dauert noch gut drei Jahre, bis die Mode in Deutschland und somit auch in Oberhausen ankam. Die Frauen, die in den späten 40er-Jahren geboren wurden, erinnern sich daran, dass sie oft „normal angezogen“ aus dem Haus gingen und sich bei passender Gelegenheit oder auf einer Toilette umzogen, weil ihre Eltern sie nicht „so“ auf die Straße gehen lassen wollten. Der Minirock galt bei der Generation der Erwachsenen als unschicklich und die Trägerinnen wurden häufig mit Begriffen belegt, die eine vermeintlich lockere Moral vermuten ließen.

Renate erinnert sich, dass ihr späterer Ehemann sie Ende der 60er-Jahre morgens, bevor er selbst zur Uni fuhr, zu ihrem Arbeitsplatz zu einer in Sterkrade ortsansässigen Filiale einer deutschen Großbank brachte. Sein Blick blieb an dem kurzen Minirock einer Arbeitskollegin hängen und er bemerkte: „Ja, so ein breiter Gürtel hat wat!" Ulla M. kann sich erinnern, dass sie viel von ihrem ersten verdienten Geld in der Boutique „BiBa" ließ, die erst auf der Elsässer Straße, fast am Friedensplatz, und später auf der Marktstraße eine Filiale hatte. Emma St. weiß, dass häufig Herren im Alter ihres Vaters, die vermutlich ihren Töchtern das Tragen eben dieses Minirockes verboten hatten, zu ihr sagten: „Fräulein, da ist Ihnen was runtergefallen, können Sie sich noch mal bücken?" Sie lacht und fügt hinzu: „Die Doppelmoral ließ grüßen!" Nach und nach setzte sich der Minirock in allen Gesellschaftsschichten durch. In den „Swinging Sixties" dominierten Knallfarben und grafische Muster das modische Bild. Zu kurzen „Hängerchen" trug man gerne weiße Stiefel. Im Gegensatz zu der Schuhmode der 50er-Jahre, in der bevorzugt spitze Abätze getragen wurden, lagen in den 60ern Ballerinas, flache Schnürschuhe und eben Stiefel, selbst im Sommer, voll im Trend. Schnell erkannte die Strumpfindustrie, dass sich Strümpfe und Minirock nicht optimal ergänzten. Die Strumpfhose wurde Mitte der 60er-Jahre entwickelt und war ab diesem Zeitpunkt nicht mehr wegzudenken.
Das Unverständnis der älteren Generation für den Minirock wurde in den 70ern übertroffen von dem Aufschrei, der durch die Bevölkerung ging, als die ersten jungen Frauen in Hotpants durch die Straßen liefen. Diese Frauen zeigten sich emanzipiert und genossen ihre Freiheit und das neue Lebensgefühl, während die ältere Generation den Verfall der Sitten prophezeite.

Ganz schön flott, die Bademode der Firma Triumph in den 60er-Jahren.

Obwohl der Hosenanzug schon lange gesellschaftsfähig war, was das Tragen langer Hosen für Frauen, die in einer Bank arbeiteten, Anfang der 70er-Jahre am Arbeitsplatz nicht gern gesehen, teilweise sogar verboten. Es gab zwar offiziell keine Kleiderordnung, gleichwohl wurden die jungen Frauen, oft waren es Lehrlinge, die ein solches Kleidungsstück trugen, zum Personalleiter gerufen und gebeten, nach Hause zu fahren und sich umzuziehen. Was dann auch geschah. Man passte sich an, um Ärger zu vermeiden, weil man wusste, dass die Eltern, die oft ihr schriftliches Einverständnis zum Lehrvertrag erteilt hatten, da man erst mit 21 Jahren volljährig wurde, bei einer Beschwerde der Tochter deren Unmut lediglich zur Kenntnis nehmen und sagen würden: „Lehrjahre sind keine Herrenjahre!“ Weitere Unterstützung wäre nicht zu erwarten gewesen.

Für die Männer war es deutlich einfacher. Sie trugen, wenn sie ins Büro gingen, einen dunklen Anzug, Hemd und Krawatte! Allerdings hatten die Ehefrauen und Mütter viel Arbeit, die Baumwollhemden zu waschen und zu bügeln. Als Ende der 50er-Jahre das Nyltest-Hemd erfunden wurde, jubelten die Hausfrauen. Wenn die Männer abends von der Arbeit kamen, wurden das Hemd kurz durch lauwarmes Wasser gezogen, auf einen Kunststoffbügel über der Badewanne zum Trocknen aufgehängt und am nächsten Morgen wieder angezogen. Sie waren begeistert! Leider hatte das Material die Eigenschaft, den Körper luftdicht einzuschließen, was dazu führte, dass den Bakterien ein fast perfekter Nährboden geboten wurde. Um es unverblümt zu sagen: Jeder Mann stank abends wie ein Iltis! Der Schweißgeruch blieb auch nach dem Waschen im Hemd hängen und verstärkte sich somit bei längerem Tragen. Außerdem verfärbte sich durch den Achselschweiß das ehemals weiße Hemd sehr schnell. Alle Welt atmete auf, als die Firma Seidensticker Ende der 60er-Jahre ein bügelfreies Hemd auf den Markt brachte: Das Hemd mit der schwarzen Rose! Es war zwar teurer, aber der Vorteil lag auf der Hand: Man konnte sich wieder riechen …

Zwei Oberhausener Ausnahmeathleten

Oberhausen hat sportlich eine Menge zu bieten. Bereits 1960 hieß es „Wir sind Olympiasieger“ und 1983 „Wir sind Weltmeister“. Das haben zwei Ausnahmesportler möglich gemacht: Paul Lange und Willi Wülbeck.

Paul Lange, am 6. Februar 1931 in Oberhausen geboren, war ein deutscher Kanute, der 1960 in Rom die Goldmedaille mit dem gesamtdeutschen Team auf dem Albaner See in der Staffel über 4 x 500 m holte. Mit im Team waren: Friedhelm Wentzke, Günter Perleberg und Dieter Krause, wobei die beiden Letztgenannten Kanuten aus der damaligen DDR waren. Mit diesem Sieg bekam Oberhausen seinen einzigen Olympiasieger.

Die Freunde des erfolgreichen Kanuten, die das olympische Gold am Radio miterlebten – einen Fernseher hatten sie noch nicht – und die Oberhausener Bevölkerung bereiteten Paul Lange einen für diese Zeit grandiosen Empfang. Mit einem Autokorso ging es vom Anfang der Steinbrinkstraße vom damals dort ansässigen Autohaus Plätz bis zur Sterkrader Innenstadt zum Kaiserhof. Tausende Sportbegeisterter säumten die Straße und winkten ihm zu. Norbert Poll erinnert sich, dass er und andere Kinder, die seinerzeit ebenfalls Mitglieder im Kanusport-Verein waren, mit ihren Paddeln Spalier standen, um den Olympiasieger gebührend zu empfangen.

Paul Lange war schon 1958 Weltmeister mit der Staffel und 1957 Europameister. Ein Jahr nach dem olympischen Gold wurde er mit der Staffel erneut Europameister. 1963 beendete er seine aktive Laufbahn.

Paul Lange hatte seinen Lebensmittelpunkt in Oberhausen. Er war Mitglied im TC 69 Sterkrade und trainierte auf dem Rhein-

Die Freunde von Paul Lange verfolgen vor dem Radio sein olympisches Gold.

Herne-Kanal. Die Mitglieder waren seine Vereinsfamilie. Viele Jahre lebte er mit seiner ersten Ehefrau in der Wohnung über dem Bootshaus. Als er seine zweite Frau Inge heiratete, zog das Paar in die Hiesfelderstraße. Inge brachte eine kleine Tochter von acht Jahren mit in die Ehe, Brigitte Korell, die heute sagt: „Ich hatte zwei Väter, die ich sehr geliebt habe." Sie erinnert sich an das handwerkliche Geschick, das der gelernte Maurer bewies, als seine Stieftochter Brigitte weinte, weil sie nicht wie andere Kinder ein Karnevalskostüm hatte und sie doch so gerne feiern gehen wollte. „Papa Paul", wie sie ihn nannte, fragte: „Als was willst du denn gehen?". – „Als Indianerin", schluchzte sie. Also setzte sich Paul Lange hin und nähte von Hand aus einer alten Decke mit Leopardenmuster ein Karnevalskostüm für seine Stieftochter. Als sie 1976 in ihre erste eigene Wohnung zog, schleppte der Stiefvater alte Kisten an und sagte: „Daraus baue ich dir einen Schrank." – „Nee, so alte Sachen will ich nicht", antwortete Brigitte und staunte Bauklötze, als der Schrank fertig war. Paul Lange hatte ihn

schwarz gestrichen und alle Freundinnen waren neidisch auf das Prachtstück.
Walter Brandenburg, selbst ein großartiger Kanute und langjähriger 1. Vorsitzender der Kanuabteilung des TC 1869 Sterkrade, feierte 2006 seinen 60. Geburtstag im LVR-Industriemuseum Oberhausen auf der Hansastraße. Eingeladen waren über 200 Gäste, natürlich viele aus dem Bereich Sport. Einer der Gäste war Fritz Briel aus Düsseldorf, mehrfacher Welt- und Europameister im Kanu-Rennsport – Letzteres gemeinsam mit Paul Lange – und Silbermedaillengewinner der Olympischen Sommerspiele von 1956. Er, der nur unwesentlich jünger war als Paul Lange, sah diesen, umarmte ihn und rief laut: „Paul, du lebst noch?!“ und dabei liefen ihm Freudestränen über seine Wangen.
Paul Lange wurde von allen sehr geschätzt und gemocht, weil er, wie die Menschen in Oberhausen sagen, „ein Lieber“ war. Immer freundlich, immer hilfsbereit. So erzählt Rainer Kiepen, dass er einmal mit Freunden im Bootshaus saß und eine Gruppe „Wanderfahrer“ sich ebenfalls dort niedergelassen hatte.

Autokorso über die Steinbrinkstraße in Sterkrade bis zum Kaiserhof.

Zwei begehrte Autogramme auf einem Paddel.

Wanderfahrer sind Kanuten, die nicht wettkampfmäßig, sondern gemächlich mit dem Kanu auf dem Wasser spazieren fahren. Ein Mann kam Rainer sehr bekannt vor und er überlegte, bis bei ihm der Groschen endlich fiel: Paul Lange, der Olympiasieger, saß in der Gruppe. Rainer machte seine Töchter, die ebenfalls im TC 69 Kanusport betrieben, auf diesen Sportler der Extraklasse aufmerksam und eines der Mädchen fasste sich ein Herz und fragte ihn, ob er ihr wohl ein Autogramm auf die Paddel für sie und ihre Schwester schreiben könne? Paul Lange zückte sofort seinen Stift und setzte seinen Namenszug mit den Zusätzen „für Svenja“ und „für Saskia“ auf die beiden Paddel, die sie ihm hinhielt. Ein Glücksfall für die beiden Töchter von Reiner war, dass auch Willi Wülbeck mit seinem Lauftreff mehrmals in der Woche am Stadion Niederrhein vorbeijoggte. So gelang es den Mädchen, auch noch Autogramme vom Weltmeister Willi Wülbeck auf den gleichen Paddeln zu ergattern. Später zierten Unterschriften von erfolgreichen Drachenbootfahrern die beiden Sportgeräte.

Willi Wülbeck, am 18. Dezember 1954 in Oberhausen geboren, ist, ähnlich wie Paul Lange, ein eher zurückhaltender, bescheidener Mensch. In den 1970er- und 1980er-Jahren gehörte er als 10-facher deutscher Meister zu den weltbesten 800-Meter-Läufern. 1983 wurden in Helsinki erstmalig die Leichtathletik-Weltmeisterschaften ausgetragen. Hier krönte er seine bisherige erfolgreiche Laufbahn am 9. August mit dem WM-Sieg und einer Bestzeit von 1:43,65 min. Bundespräsident Carstens zeichnete Willi Wülbeck im gleichen Jahr mit dem Silbernen Lorbeerblatt aus, der höchsten in Deutschland verliehenen sportlichen Auszeichnung. Wie mehrere hochrangige Politiker betonen, ist Voraussetzung für den Erhalt dieses Ehrenzeichens ebenfalls „die menschliche und charakterliche Haltung des Einzelnen“.
Die in Helsinki und die bereits am 1. Juli 1980 in Oslo gelaufene Bestzeit über 1000 Meter in 2:14,53 min. haben als deutsche Rekorde bis heute Bestand. Darauf ist er stolz, was ihm sicherlich jeder zugestehen wird. 1986 beendete er seine sportliche Karriere und studierte Biologie und Sport.

Finale 800 m der Männer am 9. August 1983, Leichtathletik Weltmeisterschaft in Helsinki.

Auf die Frage, ob ihm, dem Ausnahmeathleten, irgendetwas aus seiner sportlichen Karriere in Erinnerung geblieben ist, was man vielleicht nicht in offiziellen Chroniken über ihn findet, antwortet er nach einer längeren Pause bescheiden: „Eigentlich nicht." Dann, nach einer Weile: „Doch, ich habe mich wahnsinnig gefreut, dass meine damaligen Nachbarn, die immer noch meine Nachbarn sind, mich mit so viel Jubel und einem Transparent, das quer über die Straße gespannt war, begrüßt haben. Das wird mir ewig in Erinnerung bleiben. Einfach deshalb, weil ich nicht damit gerechnet hatte. Wir wohnten doch erst einige Monate dort und sie bereiteten mir einen solch furiosen Empfang."
Willi Wülbeck ist Oberhausener mit ganzem Herzen und liebt seine Heimatstadt. Seit 2010 hat er eine eigene Sportschule.
Wenn man Willi Wülbeck befragt, spürt man, dass er nur dann Rede und Antwort stehen will, wenn er seiner Meinung nach etwas Wichtiges zu sagen hat. Lappalien liegen ihm nicht. Wenn ihm allerdings etwas „gegen den Strich" geht, wie kürzlich, als direkt vor seiner Haustür in Holten mit dem Bau des neuen Wohnparks „Am Karnickelberg" begonnen wurde, da meldet sich Willi Wülbeck zu Wort, wie man den Presseberichten entnehmen kann. Er bemängelte die Einfallslosigkeit der Planer, die keinen Raum ließen für individuelles Wohnen.

Wo gehen wir heute Abend hin …?

Für die jungen Frauen und Männer in Oberhausen war es in den 60er-Jahren das zentrale Thema: „Wo gehen wir heute Abend hin?“ Sie wollten Musik hören, sich treffen, tanzen, Spaß haben. Und genau dafür sorgten die Disco-, Bar- und Kneipenbesitzer. Jedes Alter, jeder Geschmack und jede Musikrichtung wurden bedient. Wenn man Zeitzeugen befragt, hat man den Eindruck, dass in Oberhausen in den 60er-Jahren die Diskotheken förmlich wie Pilze aus dem Boden schossen. Elke erinnert sich: „Wir waren ja Anfang der 60er-Jahre noch zu jung, um in eine Disko zu gehen, fanden es aber ganz cool, wenn wir wenigstens in der Milchbar im neu erbauten Südbad neben ‚der Penne‘, wie wir damals sagten, der damaligen Karl-Broermann-Realschule (heute: Anne-Frank-Realschule), sitzen und Musik hören konnten.“ Bei der Nennung der Milchbar bestätigen gleich mehrere, dass man sich dort als Schüler wohlfühlen konnte. Gleiches galt für die GOT in Sterkrade, wenn man für die Disco noch zu jung war. Die GOT lag neben der Clemenskirche und wurde auch von der Gemeinde betrieben.: Abhängen, quatschen, tolles Freizeitangebot, neueste Musik und Cola schlürfen. Die Zeitzeugen bestätigen begeistert: „Wir waren fast täglich da!“

Mit leuchtenden Augen wetteifern die von mir Befragten darum, mir „ihre“ Lieblings-Disco als die „geilste, coolste, die mit der Hammer-Musik“ nahezubringen. Je nach Blick in die Vergangenheit sind diese Erinnerungen positiv oder auch negativ. Einige haben ihre späteren Ehepartner dort kennengelernt und sind noch mit ihnen verheiratet, wie Gabi, Sabine und Conny. Für andere ist es schon länger der oder die „Ex“, wie auch für Dagmar. Otmar beispielsweise wurde auf dem Parkplatz vom Studio B

Voll im Discofieber – Die Gruppe Silver Convention.

in Osterfeld das Auto aufgebrochen. Seine Erinnerungen sind daher eher negativ. Eine andere Gabi hat beim Talentsingen im „Studio B“ den 3. Platz ersungen mit einem Titel von Shocking Blue und erinnert sich an ihre Marlene-Dietrich-Hose und den gestreiften Blazer, die sie seinerzeit bei ihrem Aufritt trug. Und alle tanzten Disco-Fox und Klammerblues.

Der Club 39 in Alstaden hatte Tisch-Telefone, mit denen man an den anderen Tischen anrufen und unerkannt flirten konnte. Bekannte Schnulzensänger wie Bernd Clüver traten auf und wurden von den Mädchen angehimmelt.

Die Stadtmitte Oberhausen punktete auf der Nohlstraße gleich mit mehreren, fast nebeneinander liegenden Diskotheken: Dem „Don Quichotte“, „New Orleans“, „CC-Club“ (vormals „Scotch-Club“), „Pferdestall“ und dem „Blockhaus“. Im Rückblick meinen viele, das „Top-Ten“ auf der Wörthstraße sei die coolste Disco von allen gewesen. Während im „Club-Royal“ das „Saturday-Night-Fever“ tobte, spielte man im „Top-Ten“ auch „Soul“ und „Black-Music“.

Der Club Royal war im Keller des Europahauses, in der Passage des Bert-Brecht-Hauses fand man den Queens Pub, das „Ex“ auf der Rolandstraße (später hieß es mal „Hollywood“ und „La Strada“), „Safe“ (später „Cartoon“) auf der Stöckmannstraße, in den 70ern das „Anno 1900“ auf der Helmholtzstraße, die „Bodega“ in der Nähe der Berufsschulen, die „Stratosphäre“ auf der Klörenstraße und das „Bistro“ auf der Elsässer Straße. Häufig zog man an einem Abend mehrfach um in die nächste Disco. Wenn alles geschlossen hatte, traf man sich bei „Theo“, der bis morgens geöffnet hatte und aß eine Kleinigkeit oder verabredete sich im rappelvollen Keller bei „Brötchen Josef“ am Friedensplatz.
In Osterfeld waren die „Alten Stuben“ am Osterfelder Markt oft die erste Anlaufstation, danach ging es in den Big Ben, ins Studio B oder den Williams Pub. Fast jeder ging nach dem Abtanzen in den frühen Morgenstunden in dem unter dem Big Ben liegenden Innungshaus Gulaschsuppe essen, von der viele schwärmen, sie hätten danach nie wieder eine bessere gegessen.
Michaela weiß, dass sie in den 70er-Jahren oft im Big Ben in Osterfeld Disco-Fox zu dem Song „Lady Bump“ von Penny McLean tanzte, modisch war sie ganz weit vorn mit der Wrangler Jeans und der weißen Bluse mit dem riesigen Kragen.
Im Kaiserhof in Sterkrade traten 1966 die Lords und Howard Carpendale auf, wie sich Marlene und Dieter erinnern. Zu Beginn der 70er-Jahre waren der „Rheinische Hof“ und die „Poststation 3“ im Keller des Kaiserhofs angesagte Treffpunkte und der am Bahnhof liegende „Six-Saloon“ (spätere Namen „Good Evening“ und „Experience“), die BIBOTABA (Bierboxtanzbar) auf der Weseler Straße und das „Brandenburger“ an der gleichnamigen Straße.
Obwohl es zwischen Anfang der 60er- und Anfang der 80er-Jah-

re eine Vielzahl von Diskotheken gab, zog es die jungen Frauen und Männer durchaus in die Nachbarstädte nach Bottrop, Duisburg oder Essen. Egal, wo die heutigen Mittsechziger und Mittsiebziger ihre Abende verbrachten, übereinstimmend sagen sie: „Es war eine geile Zeit!"

Erinnerungen aus dem Knappenkalender

Der Historische Verein Oberhausen-Ost erstellte in den Jahren 2010 bis 2015 den „Knappenkalender" mit einer monatlichen Kalenderübersicht. Auf die Rückseiten der Kalenderblätter wurden Erinnerungen und Erlebnisse der Mitarbeiter der Hüttenwerke Oberhausen AG (HOAG) gedruckt, die bereits in den 50er-Jahren in den Heften „Echo der Arbeit" veröffentlicht worden waren. Diese Berichte sind nicht nur unterhaltsam, sondern auch informativ und spiegeln den Zeitgeist. Nachstehend eine kleine Auswahl:

Kellern Sie auch ein? Schon jetzt an die Herbsteinkellerungen denken – Neuregelung durch Sparkonten

Mensch, was soll denn das schon wieder? Das Frühjahr hat noch nicht richtig begonnen, und schon denken die bereits wieder an den Herbst – an Einkellerungskartoffeln. Als wenn unsereiner im Moment keine anderen Sorgen hätt... So oder so ähnlich werden sicherlich nicht wenige denken, wenn sie in den folgenden Zeilen von einer Neuregelung der Kartoffeleinkellerung hören. Erfolgte doch die Kartoffelbeschaffung und -auslieferung in früheren Jahren für den größten Teil der Belegschaft durch das Werk.

In der Regel wurden dafür den einzelnen Belegschaftsmitgliedern vier Monatsraten – beginnend am August des jeweiligen Jahres – vom Lohn oder Gehalt einbehalten. In vielen Fällen trafen diese Einhälte zeitlich mit Lohneinbehaltungen für Kohlenlieferungen oder sonstigen Ratenzahlungen zusammen, was bei nicht wenigen Werksangehörigen empfindliche Lücken in die Lohn- oder Gehaltstüten riß. Aus Kreisen der Belegschaft wurde daher angeregt, bereits in der ersten Hälfte des Jahres mit den Einbehaltungen für die Kartoffelbeschaffungen zu beginnen, da diese Monate im allgemeinen durch sonstige Einhälte weniger belastet sind. Es bedarf keiner Frage, daß dieses Bestreben, wonach in Zukunft jeder einzelne die Wintereinkellerung selbständig vornehmen soll, von der Werksleitung begrüßt und unterstützt wird. Entspricht eine derartige Handhabung doch auch viel mehr den individuellen Bedürfnissen als die bisher üblichen Sammelbestellungen für einen großen Teil der Belegschaft. So wird künftig jeder Werksangehörige sich beispielsweise seine Einkellerungskartoffeln beim Einzelhändler oder Erzeuger selbst aussuchen und bestellen können. Das ist insbesondere wichtig bei eventuellen späteren Reklamationen, denn dann weiß jeder sofort, an welchen Lieferanten er sich unmittelbar zu wenden hat. Schließlich dürfte es auch dem letzten Belegschaftsmitglied einleuchten, daß sowohl Werksleitung als auch Betriebsrat andere und wichtigere Aufgaben haben, als sich z.B. mit Beanstandungen aus der Kartoffeleinkellerung abzugeben.

Nach langen und reiflichen Überlegungen ist die Werksleitung jedoch zu dem Entschluß gekommen, daß es zweckmäßiger ist, die von den einzelnen Belegschaftsmitgliedern für die Einkellerung zu ersparenden Beträge nicht, wie vorgeschlagen, beim

Werk anzusammeln, sondern einem bei der Städt. Sparkasse Oberhausen, Zweigstelle GHH, anzulegenden Sparkonto zuzuführen. Da es sich hierbei um echtes Sparen handelt, werden die Beträge mit dem normalen Satz von drei Prozent verzinst. Die Werksleitung hat sich bereiterklärt, die Einhälte und Überweisungen an die Sparkasse durchzuführen. Jedes Belegschaftsmitglied erhält somit die Möglichkeit, im Herbst – ohne einen Gehalts- oder Lohnvorschuß in Anspruch zu nehmen – über die für die Kartoffeleinkellerung erforderlichen Beträge zu verfügen. Es wird dringend empfohlen, von dieser Möglichkeit im eigenen Interesse Gebrauch zu machen.

(Quelle: Heft Nr. 5 aus März 1955)

Fernsehen im Ledigenheim

So also nahm die Sache ihren Anfang. Man wollte zum Füßball-Länderspiel Deutschland-Österreich nach Köln, bekam aber keine Karten. Der Not gehorchend, nicht dem eigenen Triebe, wie jemand Schiller so schön zitierte, blieb demnach nichts anderes übrig, als zu Hause am Radio der weanerischen Nonchalance Heribert Meisels zu lauschen. „Mensch, wenn man dabei nur sehen könnte, wie die Tore fallen!“ Das war das entscheidende Stichwort. Irgendwer hatte „Beziehungen“ zu einem Rundfunkgeschäft, und so wurde im Ledigenheim „probeweise“ ein Fernsehgerät aufgestellt. Es war mäuschenstill in der Ledigenheimkantine, als sich im Bildausschnitt des Gerätes das Oval des Müngersdorfer Stadions auftat. Dicht gedrängt wie die Zigtausende auf den Rängen, so saßen die Ledigenheimer vor ‚ihrem‘ Empfänger. Und bald sah man Fritz Walters millimetergenauen Vorlagen, Erich Schankos ‚Plätekopp‘ – eine Mordssache, wie Toni Turek den von Occwirk glashart geschossenen

Ball aus der Ecke hechtete. Wenn auch keine Tore fielen, im Ledigenheim war man trotzdem zufrieden. „Wir haben alles prima verfolgen können, so als ob wir auf der Vortribüne gesessen hätten."

Auf einmal konnte man sich von dem Fernsehempfänger nicht mehr trennen. So'n Ding müßten wir haben, hieß es. Aber woher nehmen, 2000 Mark sind schließlich kein Pappenstiel. Also beratschlagten die Ledigenheimer. Es wurde gerechnet, gebrütet, unendliche Zahlenreihen zusammengestellt, addiert und multipliziert. Schließlich schien eine annehmbare Lösung gefunden: Man gründete eine ‚Fernseh-Interessengemeinschaft', alle Ledigenheim-Bewohner trugen sich in die Liste ein, pro Nase zur Anschaffung des Gerätes monatlich zwei Mark zu zahlen. Und das zwölf Monate lang. Damit war wohl jeder einverstanden, der Apparat blieb in der Kantine, manche Mark Kinogeld blieb dadurch in Zukunft gespart.

Trotzdem zeigte sich eine gewisse Skepsis. „Wie steht es juristisch mit dem Eigentum" war die erste Überlegung. Man hat das genau festgelegt: „Eigentümer ist die jeweilige Belegschaft des Ledigenheims, selbst wenn die laufenden Bezahler der zwei Mark nicht mehr dazugehören oder sonstwie ein Wechsel in der Ledigenheim-Belegschaft eingetreten ist." Zu dieser rechtlichen Formulierung hat jeder sein Einverständnis erklärt.

Nun wohnten im Ledigenheim aber auch eine Reihe Leute, die nicht zur ständigen Belegschaft zählen, wie Studenten, Monteure, kurz: alle diejenigen, die nur vorübergehend dort Unterkunft gefunden haben. Auch sie sind zu den Fernsehsendungen eingeladen, obwohl ihnen keine zwei Mark abverlangt werden. Nicht zu übersehen, thront auf der Theke eine überdimensionale Sparbüchse, worin jeder der nicht ständigen Gäste nach freiem Ermessen seinen Obolus entrichten kann. Um keine Panne zu

erleben, falls einmal Reparaturen des Gerätes notwendig werden sollten, will man außerdem ein Sparkassenbuch anlegen.
So ist in der Kantine des Ledigenheimes jeden Abend etwas los. Alt und Jung hocken um den Fernseh-Empfänger. Stammgäste und ‚Laufkundschaft' erfreuen sich an aktuellen Tagessendungen, an Sportfunk, Spielfilmen, Opern und Operetten. Alles für zwei DM im Monat. Was es im Kino nicht gibt, das kann man hier: während der Sendungen gemütlich eine Flasche Bier trinken. Beinahe wäre vergessen worden: die eifrigsten Fernsehfreunde sind übrigens drei Pensionäre: August Kubowski, Julius Lesut und Karl Gennrich.
Eines noch: Die Anschaffung und Bezahlung des Gerätes sowie die Durchführung der allabendlichen Fernseh-Zusammenkünfte ist eine Privatangelegenheit der Ledigenheim-Hausgemeinschaft. Das Werk hat damit nichts zu tun.

(Quelle: Heft Nr. 11 aus Juni 1953)

4. Juli 18.37 Uhr: Wie man im Ledigenheim die Fußball-Weltmeisterschaft erlebte

Wer am Sonntag, dem 4. Juli 1954, um 18.37 Uhr mitteleuropäischer Zeit arglos am Ledigenheim vorbeiging, wird entgeistert zu den geheimnisvoll verdunkelten Fenstern gestarrt haben. Solch höllischer Lärm konnte doch allenfalls zwei Sekunden vor Weltuntergang von entfesselten Urwald-Bewohnern inszeniert werden.
Aber am 4. Juli um 18.37 Uhr war ja in ganz Deutschland die Hölle los. Ach was, nicht die Hölle: der Himmel hatte sich verschwenderisch aufgetan. Denn als ein gewisser Helmut Rahn aus Essen um 18.37 Uhr im Berner Stadion das entscheidende Tor für Deutschland schoß, da stieß er zugleich das Tor zum

siebten Himmel sperrangelweit auf. Die Seismographen in den Erdbebenwarten müssen um 18.37 Uhr gehörig mit den Nasenflügeln geschlackert haben. Und daran waren eben die Bewohner unseres Ledigenheimes nicht ganz unschuldig; denn das ganze Haus war aus dem Häuschen.

Und dabei hatte sich dieser denkwürdige Nachmittag ja keineswegs berauschend angelassen. Nach nur 10 Minuten schon das 2:0 für Ungarn – wer mochte da noch auf Deutschland als neuen Fußballweltmeister schwören! Auch im Ledigenheim, wo Kopf an Kopf und Herz an Herz eine Wolke von Menschenleibern den Fernsehapparat umlauerte, war die Stimmung begreiflicherweise schnell auf den Zwo-zu-Null-Punkt gesunken. „Ich sehe nicht mehr fern, ich sehe nur noch schwarz", meinte Schorsch aus der Gießhalle. Noch drastischer reagierte Emil vom Martinwerk: „Weckt mich, wenn es 0:8 für Ungarn steht!" – und verließ fluchtartig den Raum.

Nun, der Emil brauchte nicht eigens geweckt zu werden. Das Schlusstor und erst recht der Ausgleich der Deutschen hatten einen Taifun von Jubel durchs Ledigenheim gejagt. Freilich, seinen Sitzplatz vorn am Bildschirm bekam er nicht wieder. Er zählte jetzt zu den Fernsehenden. Aber an diesem 4. Juli brauchte man auch gar nicht mit der Nase dabeizusein – man war ja auf jeden Fall mit dem Herzen dabei.

„Ich habe es schon den ganzen Tag in der Nase gehabt", meinte Fritz Weinberg bei Halbzeit, als es 2:2 stand, „daß wir gegen Ungarn höchstens mit ein, zwei Toren verlieren werden." Er mußte in der nächsten Sekunde froh sein, daß er noch „die Nase im Gesicht" behielt. „Wir verlieren? Mann, red kein Blech!", donnerte Walter Gopling von den Kleinwerkstätten ihn an, „wir verlieren? Wo unsere Mannschaft heute mal wieder wie aus einem Guß spielt?"

Nun, ihr wißt es, der Walter hat recht behalten. Um 18.37 Uhr ist es passiert: Deutschland schießt das entscheidende dritte Tor und wird Weltmeister. „Wenn wir dieses Spiel gewinnen, will ich getrost den Verstand verlieren“ hat vorhin der blonde Paul gesagt. Und in der Tat: um 18.37 Uhr ist das Ledigenheim ein einziges Seligenheim. Ersparen Sie mir die historische Wiedergabe von Einzelheiten, die vermutlich doch der Zensur zum Opfer fallen würden. Darin aber sind sich heute im Ledigenheim alle einig: Noch so ein nervenpeitschendes Fußballspiel und wir Ledigen sind wahrhaft „erledigt“.
Am Abend dieses 4. Juli gab es garantiert keinen Ledigen im Ledigenheim. Sie alle waren verheiratet – verheiratet mit der Freude über ein Ereignis, das um 18.37 Uhr die Welt erschütterte.

(Quelle: Heft Nr. 11 Juli 1954)

Ein Problem unserer Zeit: Parkplätze

Auf dem Gelände zwischen dem Verwaltungsgebäude der Bergbau AG „Neue Hoffnung“ und dem ‚Henkelmannsweg‘ entsteht an der Essener Straße ein neuer Parkplatz. Der Bau dieses Parkplatzes wurde dringend notwendig; alle Parkmöglichkeiten an der Osterfelder und Essener Straße sind zur Zeit restlos erschöpft. Die Parkplätze in der Nähe der Hauptverwaltung sind stundenweise ganz und gar überfüllt. Von Jahr zu Jahr wird die Zahl derjenigen Belegschaftsmitglieder, die ein Fahrzeug haben, größer. Deshalb ging die Werksleitung dazu über, auf dem beschriebenen Terrain einen Parkplatz für Werksangehörige anzulegen, ähnlich wie gegenüber der Fahrradhalle in der Karl-Lueg-Straße. Damit soll erreicht werden, dass der Parkplatz der Hauptverwaltung sowie am Werksgasthaus ausschließlich Kunden und Geschäftsfreunden vorbehalten bleibt.

Nach den Unterlagen des Statistischen Bundesamtes sind in Westdeutschland mehr als 1,8 Mill.. Personenkraftwagen zugelassen. Mit anderen Worten: auf 1000 Einwohner kommen 34 Pkw (Anmerkung der Autorin: Im Jahr 1955), gegenüber 28 im Jahr 1954. Weiter haben die Statistiker festgestellt, daß an den vielen Pkw-Neuzulassungen auch die Arbeitnehmer regen Anteil haben. So ist seit dem 1. Januar 1955 die Zahl der Personenwagen, die für Arbeiter zugelassen wurden, um 44000 (gleich mehr als vier Fünftel) auf 96000 Wagen gestiegen. In der Gruppe der Angestellten und Beamten ergab sich eine Steigerung um mehr als zwei Fünftel auf 190000 (Steigerung um 62000) Wagen. Damit entfallen auf Arbeiter, Angestellte und Beamte fast 22 Prozent des gesamten westdeutschen Bestandes – gegenüber rund 17% im Vorjahr.
Bei den hinzugekommenen Fahrzeugen in der Gruppe der Arbeiter – so erläutert das Statistische Bundesamt – handelt es sich vornehmlich um solche bis 1000 ccm Hubraum, zu denen auch die Rollermobile und Kabinenroller gehören, während insbesondere bei den Angestellten und Beamten die Zugänge an Fahrzeugen der 1.0 bis 1,5-Liter-Klasse überwiegen. Nach der Statistik stellen das Volkswagenwerk und Opel mehr als die Hälfte aller Pkw in der Bundesrepublik, wobei Volkswagen mit einem Anteil von 32 Prozent vor Opel mit 20 Prozent führt. Es folgen Daimler-Benz mit 11 Prozent, DKW mit 10 Prozent, Ford mit 8 und Borgward mit 5 Prozent.
Recht erfreulich jedenfalls ist die Tatsache, daß immer mehr Arbeitnehmer zu Wagenbesitzern werden. Doch wirft der von Jahr zu Jahr größer werdende Fahrzeugbestand ein anderes Problem auf: das Verlangen nach Parkplätzen. Je mehr Arbeiter und Angestellte Besitzer von Kraftfahrzeugen sind, desto mehr werden auch per Auto zu ihren Arbeitsstätten fahren. Das be-

deutet, daß Parkplätze geschaffen werden müssen. In den USA, wo heutzutage fast jeder Arbeiter sein Auto besitzt, ist man mit dieser Angelegenheit glänzend fertiggeworden. In der Nähe der Werke wurden überall großflächige Parkplätze angelegt. Nehmen wir an, daß der Bau des Parkplatzes an der Essener Straße ein erster Schritt zur Lösung des immer mehr auf uns zukommenden Problems bedeutet.

(Quelle: Heft Nr. 11 – Juni 1956)

April, April und anderer Schabernack

Obwohl bis heute nicht eindeutig geklärt ist, woher der Brauch rührt, einen ahnungslosen Mitmenschen „in den April zu schicken", wurde und wird an jedem 1. April rege Gebrauch davon gemacht.

„Die haben kein rot-weiß-kariertes Nähgarn." Mit hochrotem Kopf steht das Lehrmädchen vor den Kolleginnen der Bäckerei Twittmann auf der Dudeler Straße in Schmachtendorf und erwartet einen Anranzer. Und das an ihrem ersten Arbeitstag! Schließlich hatte sich die Chefin einen Winkelhaken in ihren rot-weiß-karierten Rock gerissen und wollte nicht den ganzen Tag damit in der Bäckerei stehen und verkaufen … Aber statt einer Standpauke erscholl brüllendes Gelächter der Kolleginnen und mehrfach unter Tränen lachend hervorgestoßen: „April, April!" Bettina erinnerte sich, dass jedes neue Lehrmädchen am 1. April mit diesem Auftrag „in den April" geschickt wurde.

Hannes, in seinem aktiven Berufsleben Meister in der Lehrwerkstatt der GHH (Gutehoffnungshütte, heute M.A.N.), einem metallverarbeitenden Industriebetrieb, weiß, dass die männlichen Lehrlinge an diesem dem Schabernack geweihten Tag losgeschickt wurden, um „Glasnieten mit Gummiköpfen“ zu holen. In der stahlerzeugenden Industrie bei der HOAG (Hüttenwerk Oberhausen AG) waren die Lehrlinge damit beschäftigt, das „verstellbare Augenmaß“ oder das „Splintlochsuchgerät“ bei den Kollegen auszuleihen und mitzubringen, weiß Wolfgang.

Neue, junge Mitarbeiter der Firma Siemens mussten den „Siemens-Lufthaken“, den „Eckenbesen“ oder gerne auch „einen Eimer Druckluft“ herbeischaffen, kann sich Dennis erinnern.

Ellen wurde veräppelt, indem ihre Kollegen in der Bank sie in die Buchhaltung schickten, um nach der „Buchhalternase“ und der „Bilanzschere“ zu fragen. Die neuen Anwärter in den Finanzämtern sollten den „Niederschlagungshammer“ besorgen …

„Eher eklig“ fand Walli aus der Stadtmitte Oberhausen einen Brauch der Metzger-Innung, wie ihr eine Kollegin berichtete, deren Eltern eine Metzgerei besaßen: „Die gestandenen Kollegen legten dem Neuen gerne ein Schweineauge in den Morgenkaffee, das einen dann betrübt ansah, wenn man seine Tasse Kaffee fast ausgetrunken hatte …“

Ja, wir Lehrlinge wurden veräppelt, haben aber meistens – wenn auch manchmal verlegen – darüber gelacht. Das „auf die Schippe“ nehmen“ war in den meisten Fällen eher gutmütig und die Neuen hatten damit ihre harmlose Feuertaufe bestanden. Aber sie vergaßen es auch nicht. Je nachdem, ob man später ein gutes oder schlechtes Verhältnis zu der Kollegin/ dem Kollegen hatte, folgte die Rache: Die alten Bürotelefone machten es möglich! Früher bestand ein Telefonhörer, der bei Beendigung des Gespräches auf die Gabel zurückgelegt wurde, aus einer Hörmuschel, in der die Hörkapsel steckte und einer Sprechmuschel, in der das Mikrofon untergebracht war. Wunderbar, wenn die gar nicht nette, sondern eher ungeliebte Kollegin ihren Namen lauter und lauter in die Sprechmuschel schrie, dabei oft sogar noch aufstand, als könne eine erhöhte Sprechposition gleichzeitig die Lautstärke erhöhen und es doch überhaupt nichts nützte, weil „irgendwer“ vorher das Mikrofon herausgenommen hatte. Umgekehrt klappte es auch!

Wurde die Hörkapsel entfernt, konnte man einem einseitigen Gespräch beiwohnen, wovon der Gesprächspartner am anderen Ende der Leitung leider gar nichts mitbekam. Der Anrufer spulte seine Bitte ab, in der Gewissheit, dass er gehört wurde, was aber nicht der Fall war und war lediglich leicht irritiert, dass als Antwort nur ein „Hallo, hallo“ kam und er, wenn er Glück hatte, noch hörte: „Komisch, keiner dran!“ und anschließend aufgelegt wurde. Bei wiederholten Versuchen folgte ein heftigeres „Blödmann“, doch konnte der so Gescholtene ja nicht wissen, warum er so betitelt wurde.

Wer an einem warmen Sommertag der unausstehlichen Kollegin eine Scheibe vom Harzer-Roller in die Sprechmuschel drückte, hatte die Lacher auf seiner Seite. Wie heißt es so richtig: „Mit zunehmender Reife gewinnt der Käse an Aroma.“ Wer Vorgenanntes schon mal praktiziert hat, weiß: An Geruch gewinnt er auch!

Etwas handfester wurden die Kollegen bei der GHH „gefoppt“. Wenn jemand den Raum verließ, musste er damit rechnen, dass man ihm heimlich in sein Pausenbrot zwischen Wurst und Brot ein passend zugeschnittenes Stück Schmiergelpapier legte. Der „Mittagsdubbel“, wie man das von zu Hause mitgebrachte zusammengeklappte Butterbot nannte, wurde dadurch „bissfest“. Die ursprünglich sehr passabel aussehenden Lederaktentaschen, in denen man die Brote und Getränke mit zur Arbeit brachte, bekamen schnell echte Gebrauchsspuren, wenn die

Kollegen sie an der Werksbank festgenagelt hatten, während man zur Toilette gegangen war.

Nicht dass der Eindruck entsteht, es hätte niemand gearbeitet! Aber man hatte oder nahm sich die Zeit, die Kollegen „hochzunehmen“, mit durchaus positiver Auswirkung auf das gemeinsame Arbeiten. Die Belegschaft oder die Kollegen einer Abteilung hielten zusammen, wenn „von oben“ mal wieder eine Weisung erteilt wurde, die nicht nachzuvollziehen war. So erinnert sich Johannes, dass Bundespräsident Johannes Rau 1982, damals Ministerpräsident von Nordrhein-Westfalen die 200-Jahr-Feier der M.A.N./ G.H.H. mit einer Eröffnungsrede einleiten sollte. Da es hätte passieren können, dass er die Lehrwerkstatt hätte besichtigen wollen, wurden die Meister und Auszubildenden vom Chef der Lehrwerkstatt angewiesen, diese zu fegen, bis sie aussah „wie geleckt“.

Unter Murren machten sich alle an die Arbeit, weil sie überhaupt nicht einsahen, dass eine Werkstatt, die nun mal so aussieht, wie sie aussieht, für einen Ministerpräsidenten in einen unrealistischen Zustand versetzt werden sollte. Aber: Anweisung ist Anweisung und wird befolgt! Einige fegten, andere schaufelten die Metallspäne und den Dreck in die bereitgestellten Schubkarren. Als alle fertig waren, kam der Ausbildungsleiter, sah die saubere Werkstatt und rief: „Wie sieht dat denn hier aus?“, schnappte sich eine Schubkarre, verteilte den Dreck und die Späne wieder auf dem Boden und gab sich gleich selbst die Antwort: „Dat sieht ja aus, als würd hier nich gearbeitet!“

Wilhelm Knappmann – der „Don Camillo von Oberhausen"

Das hätte Giovannino Guareschi, der Erfinder der Hauptfiguren vieler Erzählungen von „Don Camillo und Peppone“, sicherlich nicht zu träumen gewagt, dass viele Jahre, nachdem seine Geschichten mit Fernandel als Don Camillo und Gino Cervi in der Rolle des Peppone verfilmt wurden, ein Gottesdiener aus Oberhausen mit eben diesem Beinamen seines berühmten Film-Vorgängers ausgezeichnet wurde: Stadtdechant Wilhelm Knappmann.

Wie sein filmisches Vorbild besprach der schlitzohrige Mann im Priestergewand seine Anliegen mit „dem Herrn am Kreuze“ und „diskutierte vorab alle Eventualitäten“ mit ihm, bis er einen gangbaren Weg klar vor Augen hatte, den es galt, zielführend zu beschreiten, um soziale und kirchliche Fragen im Interesse aller zufriedenstellend lösen zu können. Er, der Mittler zwischen gesellschaftlicher Aufbruchsstimmung und politischer Rivalität, zeigte sich kämpferisch, wenn es um die Belange der katholischen Kirche ging. Er wusste um die Bedeutung seines Vornamens als der Willensstarke und der entschlossene Beschützer. Mit diesem Wissen gelang es ihm, seine Wünsche und Ideen humorvoll vorzutragen und nach intensiven Gesprächen und indem er seine guten Beziehungen nutzte, durchzusetzen.

Pfarrer Knappmann glaubte fest daran, dass es um die Weisheit geschehen wäre, wolle man die Torheit ausmerzen. Für ihn gehörten Weisheit und Torheit unbedingt zusammen. So lässt sich sein Ausspruch erklären: „Karneval behält nur da einen festlichen Charakter, wo es einen Aschermittwoch gibt.“

Er scheute nicht davor zurück, die Aufgaben eines Klerikers auf seine „knappmännische“ Art auf die Schippe zu nehmen.

Stadtdechant Wilhelm Knappmann (ganz rechts) bei der Verleihung des Eulenordenes „Närrische Weisheit“ am 25. Januar 1976 im Hotel Ruhrland.

Anlässlich mehrerer hintereinander stattfindender adventlicher Besinnungsfeiern resümierte der Geplagte, dass eine gewisse „Besinnungslosigkeit“ kaum zu vermeiden sei, da er permanent von Besinnung zu Besinnung eilen müsse.

Wen wundert’s, dass Stadtdechant Wilhelm Knappmann am 25. Januar 1976 als erster Gottesdiener mit dem Eulenorden „Närrische Weisheit“ ausgezeichnet wurde, weil er sich, wie es in der Satzung festgelegt war, „in besonderer Weise um die gesellschaftliche Struktur Oberhausens verdient gemacht habe“. Und er bedankte sich für die Laudatio in Versform und lieferte gleich die Begründung für seine Wahl mit den Worten: „Der heilige Franziskus, der fröhliche Bettler Gottes, kannte den Zusammenhang von Weisheit und Torheit, dieser sympathische Heilige rettete damals durch seine Lebensart Kirche und Welt aus der Erkenntnis: Der Herr will, dass ich ein neuer Narr in der Welt sein soll.“

Dreifacher Polizisten-Mord

Ein ganz trauriges und dunkles Kapitel in der Geschichte unserer Stadt nahm in den frühen Morgenstunden des 15. Juni 1972 seinen Lauf und rückte Oberhausen in den Fokus der Öffentlichkeit.

Die Wohnung des 43-jährigen arbeitslosen Chemiefacharbeiters Karl-Heinz Girod und seiner Familie auf der Beethovenstraße 24 sollte wegen vermuteten Waffenbesitzes durchsucht werden. Da er schon früher gedroht hatte, gegen Polizeibeamte von seinen Waffen Gebrauch zu machen, war Vorsicht geboten. Außerdem war seine Familie in der Wohnung, die Ehefrau, drei kleinere Kindern und die beiden halbwüchsigen Söhne, 13 und 15 Jahre alt. Die kleine Tochter war in der Schule.

Warum bei diesem Einsatz die Sicherheit der Polizeivollzugsbeamten völlig außer Acht gelassen wurde, konnte selbst im später stattfindenden Verfahren nicht geklärt werden. Offenbar fanden – wie aus dem Untersuchungsbericht des NRW-Innenministers hervorging – keine oder zumindest keine konkreten Absprachen zwischen der Kriminalpolizei und den Schutzpolizeibeamten statt. Die Beamten informierten sich auch nicht gegenseitig über Funk. Stattdessen fuhren die Beamten der Schutzpolizei mit dem Streifenwagen vor Beginn der geplanten Durchsuchung sehr auffällig am Haus der oben genannten Adresse vorbei, um den Kollegen der Kriminalpolizei ihre Präsenz anzuzeigen.

Später wurde vermutet, dass die Familie Girod diese Aktion bemerkte und sich daher auf den Besuch der Polizei entsprechend vorbereiten konnte. Wie ebenfalls in der späteren Untersuchung festgestellt wurde, unterschätzte der Einsatzleiter die Gefahr, und so wurde es versäumt, eine körperliche Untersuchung Girods vorzunehmen. Wäre dies geschehen, hätte man mit größ-

ter Wahrscheinlichkeit die Pistole im Hosenbund des Verdächtigen bemerkt. So aber ließen sich die Beamten davon ablenken, dass Girod Kooperation signalisierte, die Beamten freundlich in die Wohnung bat und sich mit ihnen unterhielt. Nach zehn Minuten fragte er, ob er sich eine Insulinspritze setzen dürfe? Natürlich wurde ihm das von den Beamten erlaubt. Daraufhin geschah das, was an Brutalität und Kaltblütigkeit kaum zu überbieten ist: Girod griff in seine Hosentasche oder seinen Hosenbund, das war nicht mehr exakt nachzuvollziehen, und schoss den vor ihm stehenden Beamten aus 15 cm Entfernung in den Kopf.
Im Radio wurde halbstündlich über die Situation berichtet. In Verkennung der Gefährlichkeit der Lage machten sich viele Oberhausener – Erwachsene und auch Kinder – auf den Weg, um hautnah das Geschehen vor Ort mitzuerleben. Martin erzählt, dass er, damals 11 Jahre alt, von einem oder zweien seiner Freunde abgeholt wurde, ganz genau erinnert er sich nicht, mit den Worten: „Da ist was passiert!“ Die Jungen schwangen sich auf ihre Räder und fuhren von Rothebusch zur Beethovenstraße, um das Geschehen mitzuerleben. Sie waren einfach neugierig und erkannten nicht die Gefahr, in die sie sich begaben. Martin weiß noch, dass viel geschrien wurde, er sah Polizisten und Menschen, die laut weinten. Der Geräuschpegel zeugte von Panik und war extrem hoch, wie er sich zu erinnern glaubt, sodass die Jungen Angst bekamen und sich versteckten, so gut es ging. Als sie am Nachmittag nach Hause kamen, waren zwar Eltern und Angehörige froh, dass ihnen nichts passiert war, Martin erhielt allerdings eine gehörige Standpauke von seinem Vater und seinen Großeltern.
Girod zielte bei dem Schusswechsel auf ein schräg gegenüber liegendes Haus und traf durch das Fenster eine Ärztin, die – Gott sei Dank – nur leicht verletzt wurde. Später wurde vermu-

Der 43-jährige Karl-Heinz Girod erschoss in Oberhausen drei Polizisten.

tet, dass Girod wusste, dass in diesem Haus die Ärztin wohnte, die für Girod eine Sozialprognose abgegeben hatte und er gezielt versucht hatte, sie umzubringen.

Bei der späteren Aufbereitung zur Klärung des Sachverhaltes wurden viele Vermutungen angestellt, was bei diesem Polizeieinsatz besser oder richtiger hätte gemacht werden können und müssen, was man besser gelassen hätte und was zwingend erforderlich gewesen wäre. Doch wem sollten diese Mutmaßungen noch nutzen? Tatsache ist, dass die Familie Girod, er selbst, seine Frau Brunhilde und die beiden Jugendlichen sich bis etwa 13.00 Uhr ein mehrstündiges Feuergefecht mit der Polizei lieferte, an dessen Ende drei Tote und zwei Schwerverletzte aufseiten der Polizei zu beklagen waren und eine angeschossene Ärztin.

Den Tod fanden: Die Kriminalhauptmeister Hermann Schulte-Holthaus (58) und Werner Karp (43) sowie Polizeimeister Günther Olfen (24). Sie starben in Ausübung ihres Berufes. Die Kolleginnen und Kollegen und Oberhausens Bevölkerung trauerte mit den

Familien der Ermordeten. Auch den beiden Schwerverletzten und deren Familien und den an diesem Einsatz Beteiligten, die das Trauma zu überwinden hatten, den Tod ihrer Kollegen miterlebt oder sich selbst in einer lebensbedrohenden Situation befunden zu haben und den Tod anderer nicht verhindern konnten, galt das Mitgefühl aller.
Girod wurde wegen dreifachen Mordes und vierfachen versuchten Mordes verurteilt. Er starb 1986.

Das Kuchen-Desaster am ersten autofreien Sonntag

Wochenlang wurde darüber geschrieben und im Freundeskreis diskutiert: Der erste autofreie Sonntag war für den 25. November 1973 angeordnet. Das von der Bundesregierung verabschiedete Energiesicherungsgesetz sah unter anderem vier autofreie Sonntage in Deutschland vor. Auslöser hierfür war die Ölkrise. Der israelisch-arabische Jom-Kippur-Krieg hatte infolge einer künstlichen Verknappung der Erdölproduktion zu stark gestiegenen Preisen von Benzin und Heizöl geführt, sodass diverse andere Maßnahmen beschlossen wurden, die zum Teil bis in die heutige Zeit reichen. Dazu gehört die Einführung der Sommer- und Winterzeit sowie die Entscheidung, 40 Atomkraftwerke zu bauen, um unabhängiger vom Rohöl zu werden.
Für uns waren also autofreie Sonntage etwas völlig Neues. Eigentlich ging das ja gar nicht, dachten wir. Was konnte man denn schon groß ohne Auto an einem Sonntag unternehmen? Und wie sollte man abends wieder nach Hause kommen?

Da hatte uns die Bundesregierung ja was Tolles eingebrockt. Nur wegen der Ölkrise sollten wir jetzt an einem Sonntag zu Hause sitzen? Unglaublich!
So oder so ähnlich waren seinerzeit die Aussagen und Gedanken der Bevölkerung. Der erste autofreie Sonntag nahte und auch wir, mein damaliger Mann und ich, hatten uns mit Freunden verabredet, die rund zwei Kilometer von uns entfernt wohnten und somit fußläufig erreichbar waren. Wir sollten den Kuchen mitbringen, die Freunde waren für das Abendessen zuständig, und wir würden Doppelkopf spielen. So war die Planung. Alles ganz entspannt.
1973 war ich in einem reinen Frauen-Kegelklub, in dem gerne Koch- und Backrezepte ausgetauscht wurden, denn wir waren alle jung und erst kurz oder noch gar nicht verheiratet und sammelten gerade die ersten Erfahrungen als Hausfrau – neben unserem Beruf. Eine Kegelschwester hatte beim letzten Kegelabend gleich zwei tolle Rezepte aus dem Gedächtnis von sich

Autofreier Sonntag 1973, hier in Düsseldorf.

gegeben: Ein Nusskuchen ohne Mehl und eine Torte. Die Torte interessierte mich nicht sonderlich, ich hatte mir das Rezept für den mehlfreien Nusskuchen notiert. Was keiner ahnen konnten: Die liebe Rosel hatte die Backzeiten vertauscht.

Ich rührte also den Teig aus Haselnüssen, Eiern, Zucker und Backpulver zusammen, füllte ihn in eine Kranzform mit Loch in der Mitte und stellte mir den Wecker auf 30 Minuten Backzeit, so, wie Rosel es gesagt hatte. Aus dem Wohnzimmer erklang vorweihnachtliche Musik. Schließlich war der 1. Advent nicht mehr weit und mein damaliger Mann hatte – wenn auch eine Woche zu früh – die Kerze auf dem Adventsgesteck angezündet.

Der Wecker klingelte und erinnerte mich daran, dass der Kuchen, der lecker roch, fertig sein müsste. Voller Vorfreude nahm ich ihn aus dem Backofen und wollte ihn auf ein Gitter stürzen, um ihn auskühlen zu lassen … und erstarrte: Ein Teil der Nuss-Ei-Zucker-Backpulvermischung lief roh aus der Form, „Pladderte“ an der unteren Schranktür meiner Einbauküche entlang und landete auf dem Fußboden! Blitzschnell wendete ich die Form und rettete so wenigstens einen Großteil des Teiges. Schnell füllte ich den halbrohen restlichen Teig in eine kleinere Kranzform und schob die Form noch mal in den Backofen. Ich holte mir einen Stuhl, setzte mich vor die Backofentür und beobachtete meinen Kuchen mit Argusaugen. Endlich sah er aus, als könne er fertig sein. Ich erinnerte mich, dass meine Mutter, als ich noch bei meinen Eltern lebte, immer mit einer Stricknadel überprüft hatte, ob der Teig an der Nadel kleben blieb und somit noch nicht gar war. Ich machte es genauso. Es blieb nichts hängen, also war er gar.

Vorsichtig öffnete ich den Verschluss an der Kuchenform und wollte ihn auf das Gitter stürzen, da klingelte das Telefon.

Weil ich mich so konzentriert hatte, machte ich vor Schreck einen Satz und der Kuchen fiel auf die Arbeitsplatte. Ungefähr 60 Krümel, größere und kleinere, lagen da. Ich hätte heulen und gleichzeitig den Anrufer erwürgen können! Vollmundig hatte ich zugesagt, einen Kuchen zu backen und mitzubringen, und nun das! Da ich aber immer schon praktisch veranlagt war, sammelte ich die größeren Krümel auf und legte sie vorsichtig auf eine mit einer Tortenspitze belegte Kuchenplatte. Dann löste ich zwei Tafeln Schokolade im Wasserbad auf und bepinselte die Nussstücke mit der flüssigen Schokolade.
Die Zeit lief mir weg und wir mussten uns auf den Weg zu unseren Freunden machen. Die Tortenform hatten wir vorsichtig mit Deckel in einer großen Tüte verstaut. Es ging alles glatt. Auf der Robert-Koch-Straße angekommen, wurden wir mit Hallo empfangen. Kaum saßen wir und unsere Freundin Ulla machte die Kerze an, da fiel mir siedend heiß die Frage ein: „Haben wir eigentlich die Kerze ausgemacht?“ Weder mein Mann noch ich wussten es sicher. Also: Taxi anrufen, Situation schildern und zur Holderstraße zurückfahren. Natürlich war die Kerze aus, wie sich herausstellte, er hätte also gar nicht hinfahren müssen. Endlich konnten wir uns zu viert an den Tisch setzen, um Kaffee zu trinken und den mitgebrachten Kuchen zu essen.
Die Krümel wurden gebührend gelobt, weil sie sehr lecker waren, allerdings musste ich auf die Bitte meiner Freundin Ulla: „Sag mir doch mal eben das Rezept“, etwas weiter ausholen: „Man nehme zuerst die doppelte Menge, dann kippe man nach der Hälfte der Backzeit einen Teil des Teigs in die Küche, danach …“
Dieser erste autofreie Sonntag und das Desaster mit dem Kuchen werden uns wohl immer in Erinnerung bleiben!

Helau! Die Jecken sind los!

Wenn Narren zurückblicken, fällt sicherlich jedem das Jahr 1969 ein. Hermann Kuß, der von 1969 bis 1985 und somit 16 Jahre Präsident des Hauptausschusses vom Groß Oberhausener Karneval war, trat in der Session 1968/1969 als Hermann der I. sein Amt als Stadtprinz von Groß-Oberhausen an. Ausgerechnet an dem Sonntag des geplanten traditionellen Karnevalsumzuges im Jahr 1969 erstickte Oberhausen in den Schneemassen, die vom Himmel fielen, und der lange vorbereitete Umzug musste ausfallen. Hermann Kuß, der sich bis zuletzt vehement gegen den Ausfall des Umzugs gewehrt hatte, ging als „der Schneeprinz" in die Annalen ein. 1975 wurde ihm, der zahlreiche Ehrungen und Verdienstorden, u.a. auch für seine Verdienste um den Fußball vom DFB erhalten hatte, der Eulenorden „Närrische Weisheit" verliehen.

Obwohl Hermann Kuß nicht mehr unter uns weilt, erfährt er bis heute zu Karneval eine besondere Ehrung. Sobald es kalendermäßig auf den Tag des Umzugs zugeht und möglicherweise das Wetter diesem einen Strich durch die Rechnung machen könnte, heißt es unter den Jecken: „Ruft den Hermann an!", denn die Akteure vermuten eine besondere Nähe von ihm zu Petrus, der allgemein für das uns vom Himmel gesandte Wetter verantwortlich gemacht wird. Schließlich ist Hermann der I. 2012 in der Nacht zu Altweiberfastnacht verstorben und hat als kleinen Gruß von oben drei Tage später am Karnevalssonntag kurz vor Zugbeginn ein paar Schneeflocken herunterrieseln lassen. Mit Zugbeginn hörte es auf zu schneien und der Umzug konnte störungsfrei stattfinden.

Hermann Kuß trug auch seinen zweiten Beinamen, „der mit dem Hammer", mit Stolz. Bei der Verleihung der Ehrennadel der

Stadt Oberhausen wurde dieser Begriff geprägt, weil Hermann Kuß sich nicht scheute, immer und überall seine Meinung zu vertreten im Interesse der Menschen, des Sports oder des Karnevals. Er nahm es in Kauf, dass er sich durch seine direkte Art nicht nur Freunde machte. Die Hauptsache war, er konnte sein Anliegen erfolgreich durchsetzen, selbst wenn er dafür sinnbildlich „den Hammer“ aus der Tasche holen musste.
Die große Osterfelder Karnevalsgesellschaft (GOK) blickt auf eine lange Tradition zurück, wurde der Verein doch bereits 1906 gegründet. Vereinsmitglied Helmut Lupszyk erinnert sich: „In der GOK hatte sich 1985 ein Männerballett gegründet und wir traten auf diversen Veranstaltungen innerhalb und außerhalb Oberhausens auf.
Die Auftritte fanden in unterschiedlichen Kostümen statt: Bayrisch, brasilianisch und karnevalistisch. Unsere Requisiten richteten sich nach der jeweiligen Thematik des Auftritts, mal fuhr einer der Akteure mit einem Motorrad auf die Bühne, mal stand dort eine lebensgroße Nachbildung von einem Esel, den uns die Stadtsparkasse Oberhausen ausgeliehen hatte, und manchmal bauten wir die Requisiten selbst, wie beispielsweise ein Segelschiff mit einer Länge von ungefähr drei Metern. Der längste Bühnenauftritt, Festsitzung der GOK in den drei Turnhallen der Gesamtschule Osterfeld zu einem späteren Zeitpunkt, fand vor 1600 begeisterten Besuchern statt und dauerte rund 45 Minuten, Bühnenfeuerwerk inklusive.
Die Musik wurde von der Technik eingespielt, damals noch mittels eines Magnetbandes. Zu unseren Balletteinlagen wurden die Original Musiktitel mit dem Gesang der Interpreten abgespielt. Für die Parodien nutzten wir Karaoke-Versionen, die wir mit eigenen Texten live auf der Bühne sangen. Die Auftritte hatten tänzerische, parodistische, humorvolle sowie akrobatische

Inhalte und stellten uns vor einige Herausforderungen! Nach den ersten Proben war der Name der Gruppe geboren: KKW = „Keiner kann wat"! Da wir aber außerordentlich erfolgreich mit unseren Auftritten waren, standen die drei Buchstaben bald für die Aussage: Könner kommen wieder!

Der Betreiber eines Hotels in Elpe im Hochsauerlandkreis, der Mitglied in der GOK war, lud uns zur Feier des 90. Bestehens

Die Gruppe KKW vor einem ihrer Auftritte.

seines Hotels ein. Er hatte eigens für unseren Auftritt ein Zelt auf der angrenzenden Wiese aufbauen lassen und so traten wir – innerhalb eines zwei-Stunden Programms – vor 500 Gästen auf. Unser Auftritt war ein solcher Erfolg, dass die Beifallsstürme der Gäste bis weit in den Ort zu hören waren, sodass sich immer mehr Neugierige vor dem Zelt einfanden. Kurzerhand traten wir am folgenden Sonntag ein weiteres Mal für die Einwohner und die holländischen Touristen auf, besorgten uns Fußbälle, auf denen wir unterschrieben und versteigerten diese zugunsten des örtlichen Kindergartens. So freuten sich nicht nur die Erwachsenen, sondern auch die Kinder.

Eine von vielen weiteren Veranstaltungen, für die wir gebucht wurden, war die vereinseigene Frauensitzung der GOK im Revierpark Vonderort. Unser Auftritt wurde frenetisch gefeiert, eine „Rakete" nach der anderen wurde gezündet: Es begann mit Händeklatschen, dann trampelten die Füße kräftig auf den Boden und schließlich pfiff und johlte der Saal. Ob es die Vibration des Parkettbodens war, die sich auch auf die Bühne übertrug oder ob der Karnevalist und älteste Akteur der KKW-Gruppe, Willi Geldermann, selbst lauthals mitpfiff, vermag heute keiner mehr zu sagen: Als Ergebnis dieses Radaus flog Willi das Gebiss raus, landete auf dem Bühnenboden und entwickelte, als Willi es aufheben wollte, plötzlich ein Eigenleben. Immer, wenn er kurz davor war, es zu ergreifen, sprang es ein Stück weiter, was die Zuschauerinnen natürlich zu Begeisterungsstürmen hinriss. Da man sich untereinander gut kannte, kamen sofort Anfeuerungsrufe aus dem Publikum, außerdem gut gemeinte Ratschläge und Informationen, wie: „Willi, beeil dich, dein Gebiss ist schon am Büffet!" und „Willi, dein Gebiss ist vor dir da!" Diesen denkwürdigen Auftritt wird wohl keiner der Akteure so schnell vergessen!

Ein weiteres außergewöhnliches Ereignis geschah während des Kinder-Karnevalsumzugs am Samstag, dem 12. Februar 1983. Um die Karnevalswagen ziehen zu können, wurden Trecker als Zugmaschinen benutzt, die eine Firma aus Krefeld – wie auch in den Vorjahren – zur Verfügung gestellt hatte. Bis einschließlich Freitag vor Karneval bewegten sich die Temperaturen im zweistelligen Bereich unter null Grad. Winterdiesel gab es noch nicht, sodass man in der Vorbereitung vorsorglich ein wenig Benzin in den Dieseltank füllte, um sicherzustellen, dass die Zugmaschinen trotz der Kälte anspringen würden.
Plötzlich gab es einen Wetterumschwung und am Umzugstag herrschten frühlingshafte Temperaturen mit der Folge, dass ausgerechnet der Senatoren-Wagen nicht ansprang, auf dem die frisch ernannte „Senatspräsidentin“ Hildegard Matthäus, Mitglied des Landtages des Landes Nordrhein-Westfalen (CDU) und des Rates der Stadt Oberhausen, stand! Es musste schnellstens eine Lösung gefunden werden! Und die fand sich auch.
Am Ende des Zuges fuhren obligatorisch die Müllwagen der

Hildegard Matthäus und Finanzminister Heinz Schleußer bei der Verleihung des Eulenordens.

Hildegard Matthäus, die frischgebackene „Senatorin“.

Stadt Oberhausen (die WBO gab es damals noch nicht), um die Straßen von Konfetti, Luftschlangen, liegen gebliebenen Bonbons und eben auch Unrat zu reinigen, damit der Straßenverkehr am nächsten Tag fließen konnte. Helmut Lupszyk, der viele Jahre als Zugbegleiter für den reibungslosen Ablauf der Umzüge mitverantwortlich war, sprach in seiner Not den Fahrer eines Müllwagens an, der sich einverstanden erklärte, den Senatoren-Wagen zu ziehen. So kam es, dass eine deutsche Kommunalpolitikerin und Trägerin des Bundesverdienstkreuzes am Bande und erster Klasse hinter einem Müllwagen stehend durch den Stadtteil Osterfeld gezogen und bejubelt wurde.

Mutter Courage des Reviers - Luise Albertz

Den ihr vom Ministerpräsidenten des Landes Nordrhein-Westfalen, Heinz Kühn, verliehenen Beinamen trug Luise Albertz zu Recht.

Sie, deren Vater Hermann 1945 im KZ Bergen-Belsen ermordet wurde, wuchs in einem Elternhaus auf, das von Politik geprägt war. Sie hatte gelernt, dass Politik eine Möglichkeit bedeutete, denen zu helfen und sich zu deren Sprachrohr zu machen, die sozial schwach sind und Hilfe benötigen. Und das hat sie ihr Leben lang getan. Den Wahlspruch ihres Vaters „Das moralisch Richtige kann niemals das politisch Falsche sein", machte sie sich zu eigen. Er wurde zur obersten Richtschnur ihres politischen Lebens.

Luise Albertz, am 22. Juni 1901 in Duisburg geboren, kam mit ihrer Familie als Kind nach Oberhausen, absolvierte nach Volks- und Handelsschule eine Lehre bei der Stadtverwaltung, arbeitete anschließend in verschiedenen beruflichen Positionen und wurde 1939 als Ersatz für die im Krieg befindlichen Männer als Sachbearbeiterin in der Stadtverwaltung Oberhausen dienstverpflichtet. Nach dem Krieg wurde sie 1945 Sekretärin des damaligen Oberbürgermeisters. Zeitgleich engagierte sie sich für den Aufbau der SPD in NRW, deren Mitglied sie seit 1915 war.

1946 wurde Luise Albertz die erste Oberbürgermeisterin einer deutschen Großstadt. Nachdem ihre erste Amtsperiode 1949 endete, wurde sie 1956 wiedergewählt und blieb bis zu ihrem Tod im Jahr 1979 im Amt. Sie war Landtagsabgeordnete, stellvertretendes Mitglied im Zonenbeirat für die britische Besatzungszone und schließlich von 1949 bis 1969 Mitglied des

Bundestages. Als Vorsitzende des Petitionsausschusses setzte sie sich beherzt und engagiert für die Benachteiligten ein, deren Bittbriefe sie aus allen Teilen der Bevölkerung erhielt. Nie ging sie mit ihren Erfolgen „hausieren“ oder verwendete diese für ihre politischen Ziele. Nur die Betroffenen, denen sie geholfen hat, können über das Erreichte berichten.

Luise Albertz kämpfte mit allen ihr zur Verfügung stehenden Mitteln, um den Menschen zu helfen. So fuhr sie nach dem Krieg, als die Bevölkerung in Oberhausen hungerten, mit dem LKW nach Niedersachsen und tauschte Kohle gegen Lebensmittel ein, um den größten Hunger der Ärmsten zu stillen.

Als sie erkannte, dass sie in einigen Fällen den Kampf gegen die Stilllegung der Zechen verloren geben musste, setzte sie sich mit aller Kraft für die Schaffung neuer Arbeitsplätze für die betroffenen Bergleute ein. Heinz Kühn, damals Ministerpräsident von Nordrhein-Westfalen, gab ihr auf dem Höhepunkt der Kohlenkrise den Namen: „Mutter Courage des Reviers“ und die Bergleute im Ruhrgebiet erkannten die gelebte Solidarität von Luise Albertz an, indem sie diesen Beinamen übernahmen. Bis heute wird sie von der Bevölkerung Oberhausens so genannt, wenn nicht dem einen oder anderen ein „unser Luischen“ rausrutscht.

Nachdem Luise Albertz im November 1956 erneut zur Oberbürgermeisterin gewählt worden war, sagte sie bei der Amtseinführung: „Sie haben mein Versprechen, dass ich dieses Amt gerecht und unparteiisch ausüben und nach besten Kräften versuchen will, den schwierigen Aufgaben gerecht zu werden. Sie wissen, dass ich ein Kind der Arbeiterstadt Oberhausen bin und Tochter eines Arbeiters. Nie werde ich meinen Ursprung und meine Überzeugung jemals verleugnen.“ Diese abgegebenen Versprechen hielt sie ein!

Dazu gehörte, dass sie sich mit aller Kraft für die Einrichtung einer Gedenkhalle im Südflügel des Schlosses Oberhausen, dem repräsentativsten Gebäude der Stadt, zum Gedenken an die Opfer des Nationalsozialismus einsetzte. 1962 wurde diese Gedenkstätte als erste dieser Art in Westdeutschland eröffnet. Sie steht „gegen das Vergessen und für das Miteinander aller Menschen in Oberhausen".

Luise Albertz, die kinderlos und nie verheiratet war, liebte die Menschen und die Menschen liebten sie. Senioren sowie Kindern und Jugendlichen galt ihr besonderes Augenmerk. Jahrzehntelang engagierte sie sich als Vorsitzende der Arbeiterwohlfahrt (AWO). Der ungefilterte Kontakt zu den Menschen war ihr wichtig. Sie hatte „das Ohr am Menschen" und wusste daher genau „wo der Schuh drückt". Die ihr anvertrauten Mitarbeiterinnen und Mitarbeiter behandelte sie wie Familienmitglieder, deren „Oberhaupt" sie war, und familiär ging es bei manchen außerdienstlichen Gelegenheiten zu. Offiziell wollte sie mit der männlichen Version „Frau Oberbürgermeister" angesprochen werden, intern nannte man sie schlicht „Chefin".

Wilhelm (Willi) Meinicke, langjähriger Vorsitzender der SPD-Ratsfraktion, war sicherlich ihr engster Freund und wichtigster politischer Wegbegleiter. „Vertrauen und Vertrautheit, Verstehen und Verständnis waren bei diesen beiden Persönlichkeiten besonders ausgeprägt – manchmal genügte ein Kopfnicken oder eine Handbewegung, um sich abzustimmen – und die Grundlage für eine erfolgreiche politische Arbeit und ein harmonisches, wenn auch nicht immer konfliktfreies Miteinander, war geschaffen", formuliert es ein Vertrauter.

Als Kind des Ruhrgebiets mochte sie den Karneval und machte gerne mit beim „Sturm aufs Rathaus" und der späteren „Schlüsselrückgabe". Die Karnevalsmütze trug sie mit gleicher Freude

Luise Albertz im Bundestag, 1955.

und Selbstverständnis wie ihre anderen Hüte. Schließlich zeigte sich in den 50er-Jahren die „Frau von Welt“ in der Öffentlichkeit nicht ohne Hut. Luise Albertz behielt diese Tradition in den 60er- und 70er-Jahren bei, obwohl das Tragen eines Hutes schon längst nicht mehr „Pflicht“ war. Kopfbedeckungen hatten es ihr scheinbar angetan.

Luise Albertz verstarb am 1. Februar 1979 in Oberhausen. Sie, die es schon nicht mochte, wenn um ihren Geburtstag „viel Wind“ gemacht wurde und sich an solchen Tagen zurückzog, hatte sich für die Stunde ihres Abschieds „große Worte" verbeten. Dennoch ließen es sich ihre politischen Freunde nicht nehmen, wie Professor Carlo Schmid es formulierte, „an ihrem Grabe auszusprechen, was für sie das Besondere an Luise war". So erklärte er, dass er nur sehr selten von jemandem gesagt habe, er sei ein guter Mensch gewesen. Er habe oft Anlass gehabt, den einen oder anderen einen tüchtigen Menschen zu nennen. Luise Albertz allerdings nannte er anlässlich seiner Trauerrede „einen guten Menschen". Und so nahm er Abschied „von dem guten Menschen Luise Albertz".

Helmut Schmidt beschrieb ihre Willensstärke, ihre Haltung und ihre Art, die Dinge anzufassen als Vorbild für seinen eigenen Weg. Willy Brandt bewunderte ihre Zielstrebigkeit und Tatkraft, mit der sie die ihr übertragenen Aufgaben erledigte und bestätigte, dass es Luise Albertz mit Herz und Verstand gelungen war, „der Politik menschliche Züge zu geben".

Heinz Kühn musste 1967 gemeinsam mit Walter Arendt (seit 1964 Vorsitzender der Gewerkschaft IG Bergbau und Energie, seit 1967 zusätzlich Präsident des Internationalen Bergarbeiterverbandes, ab 1969 Bundesminister für Arbeit und Sozialordnung) vor die Menge der erbitterten Kumpel in Dortmund-Huckarde treten, begleitet von fast allen Oberbürgermeistern des Reviers. Es ging um das vorgesehene Ende der Zeche „Hansa". Die IG-Bergbau hatte zu dieser Veranstaltung aufgerufen. Kühn musste versuchen, den Menschen Zuversicht zu geben. Eine sehr, sehr schwierige Aufgabe bei der brisanten Stimmung. Später sagte er, dass es gelungen sei, die Erbitterung der erhitzten Menge in Zustimmung zu verwandeln, sei dem Moment zu verdanken gewesen, als er merkte, dass Luise Albertz, die neben ihm stand, ihm die Hand drückte und er das Gefühl der Solidarität spürte.

„Oberhausen verdankt Luise Albertz unendlich viel“, wie es Friedhelm van den Mond, ihr Nachfolger im Amt, in der Gedenksitzung des Rates der Stadt Oberhausen am 19. Februar 1979 ausdrückte. „Die hohen Ämter, die Luise Albertz im Laufe eines langen Lebens innehatte, waren Ausdruck der Wertschätzung, die sie sich bei Bürgern, bei politischen Weggefährten und weit über den eigenen politischen Bereich hinaus erworben hatte. Was diese Frau aber vor allem anderen auszeichnete und was ihr die Liebe und Verehrung so vieler Menschen erworben hat, war die Tatsache, dass sie in all ihrem Tun nicht nur dem Verstand, sondern ganz besonders ihrem Herzen folgte.“
Ihre nachfolgenden Amtsinhaber sind gut beraten, sich weiterhin mit all ihrer Kraft für das Wohlergehen der Menschen in ihrer Stadt einzusetzen. Wer Luise Albertz kennengelernt hat, kann sich gut vorstellen, dass sie, wenn der Tag kommt und man sich wieder trifft, Rechenschaft fordert von jedem, der dies nicht zu 100% getan hat.

Das schräge O.

Oberhausen war von der Kohlekrise in den 60er-Jahren, im Volksmund „Zechensterben“ genannt, ebenso betroffen wie viele andere Orte im Pott. In Oberhausen sollten Anfang der 70er-Jahre die städtischen Aktivitäten zur Gewinnung von Investoren für die Ansiedlung neuer Gewerbebetriebe intensiviert werden. Da man sich als moderner Standort präsentieren wollte, musste ein passendes Logo her. Es sollte einprägsam, unverwechselbar und eindeutig sein und neben dem traditio-

Das linke Logo wird auch heute noch von der Stadt Oberhausen benutzt.

nellen Stadtwappen als neues „Wappen“ das Erkennungszeichen Oberhausens werden.

Vom damaligen Amt für Liegenschaften und Wirtschaftsförderung wurde ein Ideen-Wettbewerb ausgeschrieben, an dem sich jede Bürgerin und jeder Bürger der Stadt und auswärtige Interessenten beteiligen konnten. Die Anzahl der eingereichten Entwürfe war groß, darunter durchaus interessante, manchmal skurrile, aber letztlich keine wirklich überzeugende Arbeit.

Die Logo-Idee wurde Bestandteil eines Auftrages an eine namhafte Werbeagentur, die für die Stadt eine umfassende Wirtschaftsförderungskampagne mit dem schönen Titel OBERHAUSEN HAT GOLDENEN BODEN entwickelte. Die Werbeagentur kreierte als Logo ein schräg gestelltes O mit Punkt dahinter. Es war in „stadtfarbenblau“ gehalten, schlicht, pfiffig und hatte eine Verbindung zum Namen der Stadt. Und es wirkte ebenso in schwarz-weiß, vollflächig oder nur als Kontur.

So angetan die Verantwortlichen der Stadt von diesem neuen Logo waren, so wenig Begeisterung löste es bei der offiziellen

Präsentation aus. Manchen Zeitgenossen war es zu einfallslos, zu simpel, zu wenig aussagekräftig oder nicht dynamisch genug für eine Stadt, die den Aufbruch, den wirtschaftlichen Neuanfang, den Strukturwandel schaffen wollte oder besser gesagt, schaffen musste. Schnell bekam das neue Logo deftige Beinamen wie „rollende Null“ und „Lokusdeckel“ verpasst.
Aber die Verantwortlichen in Rat und Verwaltung blieben bei diesem Logo. Allmählich wurde es für die Stadt nach innen und außen ein Identifikationssymbol. Zahlreiche Firmen und Organisationen fragten an, ob sie das O. verwenden dürften und es wurde ihnen gerne erlaubt, denn dadurch wurde das Logo und damit OBERHAUSEN als Markenzeichen bzw. als Standort weithin bekannt.
Spätere Versuche, das schräge O. im Rahmen einer Imagekampagne zu modernisieren, schlugen fehl. Es kam lediglich zu einer vorsichtigen grafischen Ergänzung, die ursprüngliche O-Grundform wurde beibehalten. Heute gehört das O.-Logo

KSZE-Gipfel in Helsinki im August 1975 Bundeskanzler Helmut Schmidt trägt die Krawatte mit dem schrägen O.

selbstverständlich zu Oberhausen, befindet sich als Aufkleber auf Autos und auf vielen Werbeartikeln im Rahmen des Stadtmarketings – von der Tragetasche über Schlüsselanhänger, auf Halstüchern und Krawatten und vielen Dingen mehr. Theo Behle, ein Oberhausener Liedermacher, präsentierte sogar einen Schlager mit dem Titel „Das schräge O." auf einer CD.
Und das Logo ging um die Welt: Helmut Schmidt hatte in seiner Zeit als Bundeskanzler bei einem Besuch in Oberhausen von der Oberbürgermeisterin Luise Albertz eine der ersten O.-Krawatten geschenkt bekommen. Diese hat ihm so gut gefallen, dass er sie – wie im Fernsehen und auf Presseveröffentlichungen zu sehen war – bei verschiedenen internationalen Gelegenheiten trug. Sogar am 1. August 1975 in Helsinki bei der Unterzeichnung der Schlussakte der Konferenz für Sicherheit und Zusammenarbeit in Europa (KSZE). Viele Oberhausener wollten sich mit der Krawatte schmücken. Im Zuge der Gleichberechtigung wurde kurze Zeit später für die Damen ein O.-Halstuch kreiert. Krawatte und Tuch waren und blieben das beliebteste Geschenk an offizielle Besucher der Stadt und sind inzwischen nicht mehr erhältlich.

„Kirmesheiligabend" und die Sterkrader Fronleichnamskirmes

Es begann alles mit einem Jahrmarkt in Sterkrade am 18. Juni 1829 und ist seitdem nicht mehr wegzudenken.
Wir verdanken dieses Volksfest, das in den 1980er-Jahren mit dem Slogan „Größte Straßenkirmes Europas" warb, Bürgermeister Friedrich Anton Meurs. Lange Zeit fand der traditionelle Kram- und Viehmarkt jährlich im Herbst statt.

Anfang des 19. Jahrhunderts wollte die Sterkrader Bürgerschaft einen zweiten Markttag im Frühjahr abhalten, der als Viehmarkt am Folgetag von Fronleichnam stattfinden sollte. Die Bezirksregierung in Düsseldorf lehnte dies ab. Daraufhin verlegte der Bürgermeister den bisherigen Kram- und Viehmarkt 1829 kurzerhand vom Herbst auf den Fronleichnamstag.
Wer hätte damals gedacht, dass dieses schöne Volksfest bis heute Millionen Besucher sowohl aus den benachbarten Städten als auch aus Belgien und den Niederlanden anlocken würde? Ich halte nichts von Phrasen wie: „Früher war alles besser/schöner", muss aber in diesem Fall eine Ausnahme machen. „Früher" begann das Fronleichnamsfest morgens mit einer hl. Messe in der Propstei St. Clemens, dann zog die Prozession der Gläubigen durch die Stadtmitte von Sterkrade, wobei sie am Hagelkreuz und dem Clemens-Krankenhaus vorbeiging, um das letzte Stück des Weges über die Kirmes bis in die Kirche zu ziehen. Dort endete die Prozession mit dem Segen für alle, Kirmesbesucher und Fahrgeschäfte eingeschlossen. Wenn um 11.00 Uhr die Glocken der Kirche feierlich läuteten, eröffnete der Oberbürgermeister mit dem ersten Fass-Anstich die Fronleichnamskirmes und die Fahrgeschäfte begannen sich zu drehen. In den ersten Jahren dauerte die Kirmes von Donnerstag bis Sonntag, ab 1972 wurde sie durch Einbeziehung des Montags um einen Tag verlängert.
Wenn man die Sterkrader Bürgerinnen und Bürger fragt, war der Abend vor Fronleichnam, liebevoll „Kirmesheiligabend" genannt, der schönste Tag der Kirmes. Da traf sich Jung und Alt, um über die Kirmes zu bummeln, obwohl die Fahrgeschäfte noch geschlossen waren, und gemeinsam in den umliegenden Kneipen etwas zu trinken. Die Kneipen, von denen es jede Menge gab, waren so überfüllt, dass man zu späterer Stunde nur dann

eingelassen wurde, wenn ein anderer Gast die Kneipe verließ. Noch heute hört man oft: „Da hingense mit den Beinen aus'm Fenster!“ Da gab es den Brandenburger Hof, Jägerhof, Kaiserhof, Klumpen Moritz, das Hotel zur Post und die Eule (später Piano, dann Yesterday). Andere Kneipen wie Bubi Lager, Pieper und Köper wurden einfach nach dem Namen des Wirts benannt. Anfang der 90er-Jahre durften die Gastronomiestände auf der Kirmes schon Kirmesheiligabend öffnen. Da saßen wir mit unserem Glas Bier in der Hand auf den Stufen von Raupe, Kettenkarussell und Co. oder auf den Deichseln der Kirmeswagen, quasselten, erzählten Dönekes und freuten uns einfach des Lebens! Schien die Sonne, war es auf dem Gelände rappelvoll, wenn es regnete, versuchte jeder, in den Kneipen einen Sitzplatz zu ergattern. Was auch immer Petrus sich zum Kirmesheiligabend einfallen ließ, kein Wetter konnte uns davon abhalten, an diesem Traditionsabend dabei zu sein.

Alle freuten sich auf die offizielle Eröffnung der Kirmes am nächsten Tag, aber Kirmesheiligabend war das Highlight der Sterkrader Fronleichnamskirmes. Es war „unser Fest“, das Fest der Einwohner von Sterkrade und deren engsten Freunde.

Über lang oder kurz beschwerten sich die Schausteller, dass ihre Kollegen von den Bierbuden bereits am Mittwochabend Geschäfte machen durften, sie aber nicht. Schließlich wurde die Kirmes ab 1993 am Mittwochnachmittag um 17.00 Uhr durch den traditionellen Bieranstich des Oberbürgermeisters eröffnet und die Fahrgeschäfte nahmen den Betrieb auf. Ab 2006 wurde die offizielle Eröffnung auf 15.00 Uhr vorverlegt. Die Sterkrader Bevölkerung besucht das Volksfest nach wie vor auch am Vortag von Fronleichnam, aber dieser Abend ist eben „nur“ ein Abend wie auch die fünf folgenden. Das Besondere der Kirmesheiligabend ist vergangen.

Sterkrader Kirmes 1972.

Geblieben aber ist die Prozession am Fronleichnamstag durch die Stadtmitte Sterkrade. Sie führt ein kurzes Stück über die Kirmes, bevor sie mit dem Schlusssegen in St. Clemens endet. Montags schließt die Fronleichnamskirmes um 23.00 Uhr mit einem spektakulären Feuerwerk, womit sich die Stadt Oberhausen gemeinsam mit den Schaustellern bei den Bürgerinnen und Bürgern für deren Besuch bedankt. Jedes Funkeln am Himmel, jede Farbkaskade, jede Rosette am Nachthimmel wird mit tausendstimmigem „Aaaahhh“, „Oooooooh“ und frenetischem Applaus begleitet. Danach ist das schönste Volksfest beendet. Man geht nach Hause und freut sich auf das nächste Jahr.

Ja, die Sterkrader Fronleichnamskirmes war und ist einer der Höhepunkte des Jahres und dennoch sagen die Einheimischen mit leiser Trauer in der Stimme: „Weißt du noch, wie schön es früher am Kirmesheiligabend war?

Weitere Bücher aus der Region

Liebenswertes Oberhausen
Werner Otto, Marianne Possmann
72 Seiten, deutsch / english / français
ISBN 978-3-8313-2511-5

Aufgewachsen in Oberhausen in den 40er und 50er Jahren
Waltraud Wickinghoff
64 Seiten, zahlr. Farb- u. S/w-Fotos
ISBN 978-3-8313-2424-8

Ruhrgebiet – Die Gerichte unserer Kindheit
Rezepte und Geschichten
Heinrich Wächter
128 Seiten, zahlr. Farbfotos
ISBN 978-3-8313-2204-6

Weihnachtsgeschichten aus dem Ruhrgebiet
Margit Kruse
80 Seiten, S/w-Fotos
ISBN 978-3-8313-2745-4

Wartberg-Verlag GmbH
Im Wiesental 1 34281 Gudensberg
www.wartberg-verlag.de

Bücher für Deutschlands Städte und Regionen
Tel. 0 56 03 - 93 05 0
Fax. 0 56 03 - 93 05 28